中国
创投地图 ②

郑灵辉 阮聿泓 编著

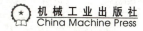
机械工业出版社
China Machine Press

图书在版编目（CIP）数据

中国创投地图 2 / 郑灵辉，阮聿泓编著 . —北京：机械工业出版社，2019.1

ISBN 978-7-111-61555-2

I. 中⋯ II. ①郑⋯ ②阮⋯ III. 创业投资 – 研究 – 中国 IV. F832.48

中国版本图书馆 CIP 数据核字（2018）第 282693 号

中国创投地图 2

出版发行：机械工业出版社（北京市西城区百万庄大街 22 号 邮政编码：100037）
责任编辑：王宇晴
责任校对：李秋荣
印　　刷：北京市兆成印刷有限责任公司
版　　次：2019 年 1 月第 1 版第 1 次印刷
开　　本：147mm×210mm 1/32
印　　张：9.375
书　　号：ISBN 978-7-111-61555-2
定　　价：59.00 元

凡购本书，如有缺页、倒页、脱页，由本社发行部调换
客服热线：(010) 68995261　88361066　　　投稿热线：(010) 88379007
购书热线：(010) 68326294　88379649　68995259　读者信箱：hzjg@HZbook.com

版权所有・侵权必究
封底无防伪标均为盗版　本书法律顾问：北京大成律师事务所　韩光 / 邹晓东

目录

推荐序一（吴世春）
推荐序二（毛大庆）
推荐序三（贾红波）
推荐序四（许　晖）
推荐序五（许嘉荣）

引言　三生万物 /1

第1章　人工智能 /3

1.0　这次，狼真的来了 /3
1.1　计算机视觉发展仍有巨大空间，视频理解难于图片理解 /8
1.2　人工智能的双重驱动力 /13
1.3　人工智能中的3D行为识别及其商业化 /22
1.4　人工智能投资，这样搞更靠谱 /25
1.5　人工智能大数据最容易变现的五个领域 /34

第2章　区块链 /39

2.0　区块链的商业逻辑 /39
2.1　未来的竞争是共识的竞争 /46

2.2 区块链在金融领域的应用 /52

2.3 区块链与新金融变革 /57

2.4 区块链技术尚未达到商业化成熟阶段 /61

2.5 价值投资是区块链投资的根本 /68

2.6 2018 年前后，我眼中的区块链之变 /72

第 3 章　医疗重构 /77

3.0 医疗投资：行业重构与创新驱动 /77

3.1 医疗投资已进入 2.0 时代，理解行业才有比拼的资本 /79

3.2 医疗健康产业的投资机会集中于产业链环形结构中 /89

3.3 未来五年，数据医疗的四大问题与三大投资机会 /97

3.4 医疗健康产业投资，就是要帮好人挣钱 /102

3.5 医疗投资最考验耐心和专业性 /112

第 4 章　教育东风 /116

4.0 互联网投资趋势下的教育风口 /116

4.1 教育投资不是"填鸭催肥" /126

4.2 职业教育东风已至，但上市公司盲目转型进入不可取 /130

4.3 在线少儿英语将面临和共享单车同样的命运 /136

4.4 未来取代招聘平台的将是提供职业培训的知识付费平台 /142

第 5 章　零售新局 /147

5.0 新零售的本质是一场成本革命 /147

5.1 投了近 200 个案子，我收获了 28 条投资认知 /150

5.2 新零售投资热潮下的冷思考 /158

5.3　新零售不是互联网巨头的专利 /162

5.4　新零售的投资机会：数字化仓配与资源上云 /169

第 6 章　小程序 /178

6.0　关于小程序创业，你必须掌握的 11 点认知 /178

6.1　小程序是风口还是坑口 /187

6.2　电商新局面：小程序 + 跨境电商 + 网络红人 /191

6.3　"公众号 + 小程序"将成标配打法，七大原则提升应用体验 /196

6.4　以上帝视角投小程序 /201

第 7 章　投资门道 /205

7.0　一级市场投资终将回归价值投资 /205

7.1　离钱更近的传统行业正在成为新赛道 /213

7.2　中国智能家居投资逻辑不能照搬美国 /220

7.3　人工智能是金融科技的未来，并购是文体企业的出口 /228

7.4　价值投资的两把利器：战略布局 + 产业协同 /232

7.5　从 17 家顶级基金退出情况反思基金退出之道 /239

7.6　IPO 失败案例最常犯的七宗罪 /250

7.7　投资是场自我修行 /262

尾声 /269

赞誉 /272

推荐序一
创投事业的人性之美

■ 吴世春
梅花创投创始合伙人

创业如做人，知行合一者是高人。

投资即投人，知行合一者是首选。

我创业五年，后来转做天使投资，数年间看项目无数，投资理念也在这个过程中不断得到修正和强化，在我看来，这也是对知行合一的一种践行。

早期投资有很多打法，有的押赛道，有的搏风口，有的拼资源，有的赌政策，有的看团队。我属于这其中的第五种。赛道常挪移，风口会转向，资源不靠谱，政策难揣摩，只有团队（确切地说，是创始人）才拥有创业的主动权；只有怀揣强大的认知力和心力，方有可能在九死一生的创业险滩上遇山开路，遇水搭桥；只有充满创新精神和执行力的创业团队，才能为这个时代贡献最大规模的经济增量，为民众展现工作与生活的各种可能性，提供充满想象力的商品与服务新形态。

有趣的是，近些年，看重团队的投资人越来越多，"投资即投人"几乎成了一句烂大街的俗语，让人听到耳朵起老茧。

即便是投人，也有多种衡量办法。有的用心理学，有的凭第一印象，有的看面相，有的重性别，有的设年龄门槛。我的投人方法论的源头比较庞杂，既有国内的先哲论述，也有国外的科学理论（它们都有不少可取之处），而我投的项目在发展道路上所取得的优秀成绩，都反向验证了我的这些方法论的先验性和实用价值。

很多创业者常从法与理的灰色地带中，或利用人性的七宗罪寻觅创业机会，其中也不乏做大做强了的，但我对此不以为然。王阳明熟读孔孟经典，从《孟子》"人之所不学而能者，其良能也；所不虑而知者，其良知也"一句中悟出"致良知"的道理。在我看来，这是精准把握住了创业的命脉与方向。创始人自己的臆想未必是放之四海而皆准的所谓"痛点"与"爆点"，只有"去私欲，明天理"，做有益于用户与社会的项目，才能够得到资本与政策的支持和宽容，走得更远。

工业时代的人们天然喜好精确与规划，很多成长性企业创始人延续了工业时代的量化思维，计算市场容量和投入产出比。在信息时代，这些项目常常由于缺乏想象力和成长空间，不死不活地耗着，或者无疾而终。不确定性和不可预测性是信息时代的常态，这种常态要求创业者对未来而非经验抱有敬畏，弱化擅长计划的能力，强化认知学习的强度，摒弃依赖规划的惯性，培育应对变化的信心。

创投事业是一个磨炼心性和实战技能的修罗场，每一项投资决策对于创始人来说未必都是福音，对于投资者来说也常常变成不堪回首的记忆。明知道前面是九死一生，投资人仍愿意怀揣善意给创业者注入信任，创业者也愿意排除万难不轻言放弃，这正是创投事业的人性之美。

中国的财经类书籍，教人如何在二级市场炒股的多，教人如何在一级市场生存的少，"中国创投地图"系列属于后者。在我看来，"中国创投地图"系列的书名里还可以加入"生存"二字,例如《中国创投生存地图2》。我衷心希望市面上多一些像"中国创投地图"系列这样的书,为创业者提供创业之初的方向选择与创业过程中的实战之道。

吴世春 梅花创投创始合伙人,国内知名天使投资人,入行以来已投资近200个项目,明星项目有大掌门、趣店、小牛电动、唱吧、蜜芽宝贝、有书、花点时间等。

推荐序二

新空间 × 新连接 × 新认知，击碎创业的天花板

■ 毛大庆
优客工场创始人兼董事长

进入现代社会以来，人们的工作场景大致经历了三次变迁。

最早也是最传统的一种工作状态是：企业主寻觅一个地方作为固定办公场所，员工们在每个工作日从城市的四面八方赶来，在一个固定的工位上待够八个小时，再回到自己住的地方。时至今日，这种工作模式的弊端已经显露无遗——大城市潮汐式拥堵的交通给员工造成的痛苦自不必说，标准化隔断式工位将每个员工都物化为生产线上的机器，上下级办公空间大小与装修的差异也成为职场阶层割裂的标识之一。

随着远程办公手段的成熟，一些跨国企业开始尝试远程办公，员工可以申请在家上班，一边工作，一边照顾家人。然而这种模式与面对面沟通产生的效率相距甚远，所以未能推广开来，但它激发了人们对于工作空间的全新思考：雇主与雇员的关系，是否一定需要通过物理空间捆绑在一起？

云存储、大数据、物联网、移动互联网的联袂助力，使得移动办公与共享办公成为可能。伴随着互联网成长起来的新一代创业者，理所当然地

成了新型办公形态的先行者与受益人。他们骨子里潜藏着互联网时代培育出的平等、分享和协作的基因，与共享办公场景所呈现出的理念不谋而合，这种模式也因此爆发出巨大的生命力和市场潜力。

创业维艰，创业者会面临软硬件缺失的种种困境，而最大的困境，可能是在看不清前进方向时内心的无望与徘徊。我打造优客工场，不但希望通过空间的力量突破创业者在运营层面遇到的瓶颈，更希望通过连接无数创业者，以及他们在优客工场生态里的自连接，击碎他们内心的无助与退缩。

我跑过70多场马拉松，最让我刻骨铭心的一个场景，不是我在跑到终点后听到的欢呼声，而是我参加韩国首尔马拉松时听到的一句话。在那次比赛里，我走走停停，花了五个多小时艰难完成比赛。赛后，一个女跑者过来对我说："祝贺你，打破了人生的天花板。"听完这句话，我不禁泪流满面。在这场马拉松之前，我因为滑雪意外摔伤腿部，膝盖韧带多处撕裂，自以为从此告别了跑步生涯。但经过大半年的康复训练，我鼓足勇气再次站在了马拉松的跑道上。创业和人生一样，处处都是天花板，最要紧的是不折腾、不纠结、不回头、不犹豫，咬牙走下去。

这是我第二次给"中国创投地图"系列作序。在《中国创投地图2》这本创投圈的小书里，我不但看到了创业者、投资人与行业专家的身影，还看到了来自人工智能、区块链、教育、医疗等行业的最新观点。

我衷心希望，不同立场与领域的观点在健一会平台上的碰撞，能产生认知的新连接，帮助创业者们找到更为明晰的创业方向，也帮助投资人精准导航到更为靠谱的创业项目。

毛大庆　优客工场创始人兼董事长、共享际创始人兼董事长、鸿坤集团高级合伙人、万科集团外部合伙人。

推荐序三
开启创投行业新征程

■ 贾红波
红京咨询董事长

中国特色社会主义进入新时代，站在新的历史起点，如何更好地推动我国创投行业迈向新的历史征程？带着这样的思考和憧憬，怀着无比喜悦的心情，我和读者们一起与《中国创投地图2》见面了。《中国创投地图2》阐述了创投在中国经济发展中的重要作用，对推动创投行业持续健康发展具有积极意义。

创投行业发展进入新的历史时期。党中央、国务院始终高度重视促进创投行业的健康发展。2005年11月，国家发展和改革委员会与科学技术部等十个部委及单位联合发布《创业投资企业管理暂行办法》，为创投行业提供了特别法律保护和政策扶持措施，开启了我国创投行业的时代大幕。2016年9月，《国务院关于促进创业投资持续健康发展的若干意见》正式出台，为创投行业指明了发展方向。党的十九大报告提出，"激发和保护企业家精神，鼓励更多社会主体投身创新创业"和"深化投融资体制改革，发挥投资对优化供给结构的关键性作用"，这标志着我国创投行业发展进入新的历史时期。

创投行业是构建现代金融体系的重要参与者。创业投资者具有较强的风险管理能力,可以通过多样化的投资组合来分散风险,通过专业化管理提高投资效率,降低信息不对称,从而促进金融资源的有效配置,有助于解决以间接融资、债务性融资为主的金融体系效率低、成本高、资源错配等问题,有利于构建以直接融资、股权性融资为主的现代金融体系,能够有效打通金融服务实体经济和科技创新的"最后一公里"。

创投行业是新经济、新业态、新技术、新模式的培育者。对于"四新"经济企业和处在"蹒跚"阶段的众多中小企业而言,由于初期阶段投入大、成本高、不确定性强、风险高,故而难以适应传统的间接融资方式。创投行业凭借市场化的资本形成机制、风险分担收益共享机制和创业投资家的独到眼光,成为支持"四新"经济中小企业发展的有效方式,成为其逐步成长、做大做强的重要力量。比如,一大批优秀的成长型、创新型企业都是得到创投资金支持而成长起来的,如美国的苹果、Facebook和中国的阿里巴巴等。

创投行业是并购重组、产业与资本整合发展的推动者。创投行业的职责是促进"产业资本"与"金融资本"的有效对接,通过整合上下游产业链,淘汰落后产业产能,培育新经济新动能,推动产业融合发展、纵深发展,促进产业结构调整与优化升级。据统计,我国上市公司公告的并购案例中,大部分都有创投行业的参与甚至主导,创投行业在其中发挥了积极作用。并购重组已成为创投退出的一种重要模式。

创投行业是财富保值增值的重要贡献者。创投行业提供了一种专业化的金融服务,有助于促进"储蓄转化为投资",形成"集合投资优势""规模投资效应",更好地实现财富保值增值,从而使参与者共同分享经济增长成果。创投行业已成为最大的风口行业之一,是未来五至十年财富保值增值的一个非常重要的领域,很多高净值投资者都积极投身到创投行业中,行业前景非常广阔。

与此同时我们也要清醒地认识到，当前我国创投行业发展仍面临法律法规不健全、政策环境不完善、监管理念不适应、退出渠道不畅等问题，也还存在投资估值虚高、"泡沫化"、非法集资风险隐患等乱象。因此，站在新的历史起点上，我国创投行业需要注意以下几个方面。

一忌跟风，做到抱团发展与专业精进的有机统一。创业投资既不同于传统金融资本，也不同于传统的产业资本，而是一种"融资+融智"的模式，越来越依靠技术、资本、人才、管理等多种要素的综合潜能，特别需要抱团发展。同时创业投资者也要保持专业上的一份清醒和冷静，走专业化发展的路子，真正做到抱团发展与专业精进的有机统一。

二忌短视，做到短期利益与长期利益的有机统一。创投行业"不只投钱，也投力投智"，需要加大"募投管退"的全程管理力度，不但要投好，还要协助管好、养好，更要做到"到位但不越位"。创投行业要注重给被投企业深度赋能，主动注入资金技术、管理经验和资本运作，特别是注入核心技术和竞争优势要素，既要当好"发现价值者"，更要做好"创造价值者"，努力实现短期利益与长期利益的有机统一。

三忌浮躁，做到经济效益和社会效益的有机统一。"大家好才是真的好。"无数的例子证明，创投不是吃青春饭、赚快钱的工作，本质上应是一项"马拉松"。创投行业要有利于科技进步和效率提升，有利于社会和国家发展，有利于民生改善和财富增长，才能达到多方形成的"利益共同体"的价值最大化，实现创投自身利益与整体利益、经济效益与社会效益的有机统一。

四忌过度自信，做到两点论和重点论的有机统一。创投行业很容易犯

"情人眼里出西施"的错误，陷入"甜柠檬"心理陷阱。对创投行业既要全面、客观、理性地分析，不放过任何一条信息，又要分清主次、抓住重点。当前，创投行业要在全面分析国内外发展趋势的基础上，重点关注"技术创新"而非"模式创新"，关注实体产业"硬实力"而非虚拟投资"软影响"，尤其要聚焦关键核心技术领域和"卡脖子"的地方，切实做到两点论和重点论的有机统一。

站在新时代、展望新征程，我衷心祝愿并始终坚信我国创投行业必将拥抱"扬帆起航，长风破浪"的美好明天！

贾红波 红京咨询董事长。曾任中国证券监督管理委员会（证监会）办公厅秘书处处长，中国证券投资基金业协会秘书长，组建中国天使投资联席会并任首任荣誉秘书长。主编有《私募证券FOF：大资管时代下的基金中基金》一书。

推荐序四
我们走在一个独角兽狂奔的时代

■ 许晖
溪山天使会创始人

我们进入了一个前所未有的时代，穿行于两个平行的世界之间，一个是互联网的比特世界，另一个是现实的物理世界。在互联网世界，时间和空间都发生了改变，数字化产品以光速传播，软件产品的边际成本趋向于零，硬件产品遵循摩尔定律，计算能力、存储能力呈指数级增长……商业模式也因此改变，开源、免费、共享、连接成为主流，速度为王，一旦形成网络效应，便会出现"赢家通吃"的局面。

我们又同时身处百年不遇的中国复兴的历史浪潮中，中国从短缺走向过剩，从追赶走向超越，从跟随走向创新，创新和创业的浪潮将成为中国真正的主升大浪。

我们非常幸运地身处这两股大潮中，企业的成长和扩张速度也大大提高，五年铸就百亿美元，十年铸就千亿美元。我们身边一个个大大小小的独角兽飞奔而过，可谓是"到中流击水，浪遏飞舟"。

产业信息化、客户用户化、产品服务化、服务智能化，比特世界正在逐步覆盖和重塑物理世界。

组织的形态也在发生改变，无边界的超级合作组织更多地涌现，连接越来越多的自由职业者、数字游民以及创新创业者、企投家。

我们处在一个澎湃的创新创业时代，一个正在全面走向创新创业的国度。相信未来十年，一定是创新创业的黄金十年，会诞生出一大批深刻改变和影响人类生活方式、推动社会进步的独角兽和企投家。

注意，中国，独角兽成群出没！

许晖 溪山天使会创始人，天使投资人，中国互联网第一代创业者，曾参与创办MyWeb中国、旌旗席殊电子商务公司、HiPiHi3D虚拟世界。

推荐序五
技术和资本,创业的两把双刃剑

■ 许嘉荣
九万资本创始人

创新是这个世界上最美好的事物之一,它对接的是未来,一群人利用自己的专业知识与技能,带着热忱,在未知的环境里一步步拉近与目标的距离。所以创业者多半是年轻人,也只有他们,才有可能在生命最美好的阶段投入到一项前途未卜的事业中,不计后果,输得起。

风险投资的伟大之处在于,它愿意为这些年轻人的智慧和愿景买单。风险投资在中国属于舶来品,与互联网技术引发的第一波创业浪潮同时进入中国。硅谷和中国的创业项目有一点不太一样:硅谷的项目更注重创新,模仿类产品毫无市场,也得不到投资人的垂青,但在中国,尤其是早期阶段,大部分创业项目都在有意无意地模仿美国的同类企业,BAT[一]无不如此。通过模仿,BAT 为本土民众提供了在搜索、电商、社交等领域的全新互联网体验。在随后的一波波创业浪潮中,模仿现象依然常见:团购火时出现"百团大战";直播热时冒出无数家直播平台;单车旺时各家公司争芳斗艳,自然界的七彩颜色几乎全被借用。模仿不打紧,关键是在模仿后有

[一] 即百度公司(Baidu)、阿里巴巴集团(Alibaba)、腾讯公司(Tencent)三大中国互联网公司首字母缩写。——编者注

无创新。在完成了对技术和资本的原始积累之后,优秀企业会基于本土民众的独有需求与体验,开始更接地气的本地化改造与创新,而摆着高傲姿态拒绝改变的企业,包括国外巨头,皆无一例外地败下阵来,一同失败的,还有那些一味模仿忘了创新的跟风者。

技术是把双刃剑。军用技术民用化曾经是风险投资诞生的主要动因,技术创业也是诸多创业项目里比重最大的一项。但技术也会变成黑洞,从人工智能、大数据、虚拟现实/增强现实(Virtue Reality/Augmented Reality,VR/AR),再到如今的区块链,大量创业者与投资人无视技术的演变周期和成熟规律,在尚未找到真正可以实现商业化和产业化的应用场景时便匆匆下注,最后导致资金链断裂,草草收场。技术主导型创业项目的最大风险在于,技术迭代速度越来越快,如果创业者无法预判技术发展的正确方向,即便是商业巨头,即便找到了匹配的应用场景,也会很快被新技术无情地抛弃。这种迭代和资金投入没有必然关联,但是它给初创企业提供了弯道超车的机会。

资本也是把双刃剑。投资机构背负退出压力,要在一定周期内把钱投完。如果这笔钱数额较大,经常会出现单笔投资金额与项目所需金额不匹配的现象。初创项目的发展方向有较多变数,时刻处于调整之中。有些调整属于创始人的认知或策略的调整,并不需要大体量资本的推动,在这种情况下,大笔资金的进入反而有可能害了初创项目。创始人会拿着这笔钱开始进行团队或市场的盲目无序扩张,而不是继续打磨真正符合用户需求的产品。巨额资金的进入甚至有可能抬高早期项目估值,从而使得项目退出更加困难。

当下正处于中国互联网的第四波创业浪潮,创投江湖风云变幻。在技术端,人工智能技术越来越成熟,产业化运用的场景越来越多,区块链技术成为搅局者，吸引很多定力不足的古典投资人投身到首次币发行（Initial Coin Offering，ICO）大潮中；在资本端，投资机构募资难成为常态，投资人做项目决策越来越谨慎；在产业端，抗周期性强的教育、医疗和养老成为许多投资机构的新欢。然而万变不离其宗，如何运用好技术与资本，依旧是考验创业者智慧的两道关卡。

许嘉荣　中国第一批全职天使投资人，曾投资过的项目有小米、车库咖啡、中文在线、拉手网、易趣、易宝支付、妈妈说、长城会等，在国内创投圈有丰富的资源。

引言

三生万物

■ 郑灵辉
健一会＜巢山资本＞创始人兼 CEO

在观察中国创投生态时，我发现"三"是一个神奇的数字。

创业团队组合，三人结构通常会发挥出超级稳定的效果。早期项目里最常见的是技术类创业，很多技术人员决定创业时，甚至没有一个完整团队。技术人员的优势在于做前沿研究，但如何将先进的技术与理论转化为商业产品或商业模式，他们未必懂，或者也未必在乎，这时候创始团队里通常就需要配置一位懂市场的合伙人。这位合伙人的拿手绝活是设计商业模式，帮助技术人员将研究出的东西变成挣钱的、用户需要的和能够快速扩张的东西。他们共同打磨的产品不但能挣钱，还得能持续挣钱，这时就需要配置一位投资人。投资人操心的不仅仅是挣钱，而且是长期挣大钱。三个角色组合在一起，常常会给企业带来"1+1+1>3"的价值。

《中国创投地图2》基于人工智能在当下创投格局中所产生的强大原动力、颠覆力和渗透力，把人工智能放在开篇位置，作为创投行业谱系之首展开论述。人工智能领域也有对"三"这个数字的妙用。

人工智能领域创业，对创始团队至少有三项要求。首先要有懂人工智能算法的科学家，算法的生命周期较短，平均每六个月更新一次，这就对科学家的学习能力提出了比较高的要求。人工智能属于底层技术，要想产生商业价值，还需要与具体行业相结合，这就需要科学家与行业专家配合。除了算法技术背景与行业知识背景，创始团队还需要找到与自身优势相匹配的具体应用场景，方有可能构建生态，完成商业模式的嫁接。平台与算法、专业知识背景、数据及应用场景，便构成了人工智能体系的三大价值点。

从《中国创投地图》到《中国创投地图2》，书中呈现的投资热点在不停轮转。比如2017年火过一阵的直播与硬件等热点就被2018年的小程序与区块链所取代，但我们在组稿时始终保持一个原则，即书稿要均衡呈现来自行业专家、创业者和投资人三方的声音。只有综合听取这三方的独立见解，才有可能大概率消除我们对某一行业现象的认知盲区，从而帮助我们做出尽可能理性的创投决策。

老子在《道德经》里说："道生一，一生二，二生三，三生万物。"创投之道，便蕴藏在这神奇的"三生万物"之中。

第 1 章　人工智能

1.0　这次，狼真的来了

■ 夏翌（元一九鼎创始合伙人）

我们已经投资了很多区块链相关项目，但是作为一个计算机科班出身的投资人，人工智能（AI）才是我心中的真爱。真正能改变世界的是人工智能，其他任何科学技术对人类社会的影响都不会比它大。

这轮人工智能发展正在带来一场范式革命

1956 年，在达特茅斯学院举办的一次会议上，计算机专家麦卡锡提出"人工智能"一词，这件事被视为人工智能的起点。从那时起，人类对人工智能的态度一直处于怀疑与恐惧之中。2016 年，AlphaGo 与李世石的对决以及波士顿动力机器狗的出现，更是让人工智能得到公众的广泛关注。

这轮人工智能的发展是一场"改造世界的范式革命"。范式革命带来的变化在于：人类过去依靠知识以指令性方式改造世界，而在未来，人类很可能会不再具备掌握知识的能力，转而以一种描述性的方式改造世界。

这种变化可以用"当代人工智能之父"杨立昆（Yann LeCun）的一段话解释："世界上的大部分知识将由机器提取出来，并且将常驻于机器中。"

过去，人类改造世界的流程是：首先依靠观察和实验提取知识，然后总结规律，而后制定规则、制造工具，最终改变世界。

现在人类要做的就是：提出需求，并提供海量数据训练机器，让机器总结规律，然后根据这些规律制定规则，最后人类和机器共同按照这种规则驱动工具、改造世界。

未来，机器可以形成一个闭环，即自动获取数据、生产数据—总结规律—制定规则—生产工具—改造世界。人类只需要提出诉求或者结果，把过程交给机器来执行，让机器解决人类的需求。现在已经有越来越多的机器可以自动获取数据、生产数据，甚至可以自行提出需求。

一个正在发生的事实是：机器总结出的规律，有些能被人类理解，有些却不能被理解。从更长远的角度看，人类不再需要理解事物运行的内在规律，只需要掌握获取规律的方法论。

投人工智能的依据：这次，狼真的来了

20世纪90年代以前的人工智能研究被称为"符号智能"，科学家们用机器做推理，逻辑简洁清晰。20世纪90年代以后个人计算机（PC）开始普及，人工智能发展为"计算智能"，人们开始用机器尝试归纳、模糊逻辑，甚至希望计算机具备某种直觉能力。

在不同的时期，人工智能的主流思想、理论框架、计算框架和典

型应用都不同。

目前人工智能的主流思想是深度增强学习，其中深度学习可以理解为"从纷繁芜杂的世界中提炼出特征的有效方法"，增强学习则是相当于在一张白纸上创造出一条路径并借此完成某项任务。AlphaGo就是深度增强学习的一个成功代表。目前主流的理论框架是生物科学、控制论以及数学的理论框架。计算框架则是"人工智能芯片＋云计算"，很快还会加入雾计算。典型应用是智能机械。未来两三年智能机械可能是一个热点，人脸识别、智能驾驶都包含在其中，这也是相关公司估值奇高的原因。

人工智能的发展如同狼来了的故事，一次又一次触动着人类的神经，只是这一次，狼可能真要来了。

第一，早期人工智能研究发现了一个悖论：人类觉得很难的问题，机器觉得很简单；人类觉得很简单的问题，机器觉得很难。这被称为"莫拉维克悖论"。大家认为，机器和人类大脑处在完全不同的两条路径上。但是现在，机器开始表现出人脑所具备的一些特点，比如直觉，而且机器正在展现出远超人类能力的趋势，AlphaGo先后击败李世石和柯洁就是一个例子。

第二，人工智能开始展现出不依赖于领域知识（Domain Knowledge）的通用性。借助于增强学习的理论框架，机器可以"在白纸上作画"。

第三，人工智能开始体现出高度类似人脑的工作机制，这意味着目前人工智能在朝着正确的方向发展。

以卷积神经网络（Convolutional Neural Network，CNN）为核心的深度学习框架、移动互联网产生的数据爆炸以及摩尔定律（集成电路上可容纳的元器件的数目，每隔18～24个月便会增加一倍，性能也将提升一倍）和云计算所催生出来的海量计算能力，是人工智能发展水平如此惊人的技术推手。

人类与人工智能正处在不平等的竞争之中。

第一，人工智能获取知识的速度比人类快。在 AlphaGo 与李世石的比赛中，李世石赢得第四局后，AlphaGo 在一夜之间又和自己下了 100 万局。

第二，人工智能传播知识的速度比人类快。在使用中文这样的高效编码时，人类个体之间传输信息的速度大约为 500bps，而 4G LTE 的传输速率是 500Mbps，是人类的 100 万倍。并且电脑通信速度的增加符合摩尔定律，每 18 个月翻倍，而人类基本保持不变。

第三，机器一旦掌握某种知识或能力，就可以随时运用，而人类的能力会受到记忆、心情等因素的影响，不能随时调用。

投资人判断人工智能项目的角度：推手和产业链

机器学习框架、数据、算力是人工智能的三大推手，也是投资人在人工智能领域投资的思考角度。

第一，能够发明新的机器学习框架，或者能够把深度学习（DL）和增强学习（RL）结合到一起组成团队，这绝对值得关注，因为他们极有可能取得石破天惊的成果。

第二，目前的人工智能实际上是"数据智能"，拥有海量数据和能够生产数据的项目值得关注。

第三，拥有一定算力的项目同样值得关注。

从产业链角度看，我们可以将人工智能的产业链划分为三层，分别是基础架构层、技术提供层和应用层。

基础架构层是巨头的天下。加拿大一家初创公司在英伟达图形处理器（GPU）上做的驱动比英伟达自己做的驱动都好，最后被英伟达收购了。所以类似项目最后都是并购退出，这既考验投资人的能力，也要看运气。

技术提供层会集中于企业级应用服务（To B）业务。大家都知道 To B 业务不好做，在业务上很难具备超越竞争对手的能力，更多的还是要看销售情况。所以在技术提供层的项目更适合风险投资（Venture Capital，VC），可以验证销售情况，之后再按照正常的 To B 业务进行投资。

应用层要进行"行业优选"。所有行业都会被人工智能改变，但不同的行业被人工智能改变的速度和时间点不同，投资人必须做出判断，判断方法如下。

第一，数据越完备的行业越容易被取代。

第二，结果反馈越迅速的行业越容易被取代，因为结果反馈越迅速越容易训练模型。

第三，行业的付费意愿要足够强。

第四，涉及安全的行业被人工智能替代的速度会慢一些，比如煤矿、化工行业。

第五，群众的心理接受门槛要低。某些事情交给人工智能去做，群众会不放心。这一点与政府监管和社会融资意愿都有很大关系。智能交通就是一个典型的例子，现在投资纯无人驾驶项目是有风险的，这类项目不仅非常贵，而且在监管、法律和群众接受心理等层面都面临问题，尤其是无人驾驶造成的交通事故，可能很难界定责任。假设未来有一个乘客乘坐了优步（Uber）的无人驾驶出租车，遭遇了交通事故，责任归谁呢？优步、拥有优步所有权的金融租赁公司、汽车生产商、车内运行软件制造商、车载雷达制造商、导航服务提供商、这辆车的科研人员等，都有可能为这起事故负责，打官司的话也会遭遇很多麻烦。所以在我看来，某些行业里，人工智能可以用来做辅助，但不能做决策，交通和医疗行业就是典型。

使用以上标准来观察，目前互联网、零售、广告是第一波被人工智能取代的行业。零售电商的仓储物流、智能导购和客服都采用了人工智能技术。我在淘宝上搜一个产品，相关的广告会在全网各处如影随形。

金融和安防领域也是应用人工智能的典型，它们数据完备、反馈迅速、付费意愿强烈、民众接受门槛低，而且和医疗行业相比，它们所受的监管并不严。

智能制造是我们比较关注的领域，由于它和制造业相关，随着政策的变化，会有越来越多的政府部门关注并支持智能制造行业。

夏翌 元一九鼎创始合伙人。14岁入读中国科技大学少年班，曾在硅谷多家企业从事研发工作，盛大资本金融行业负责人、涟漪投资创始人。2017年与九鼎投资共同成立元一九鼎。

1.1 计算机视觉发展仍有巨大空间，视频理解难于图片理解

■ 梅涛（微软亚洲研究院资深研究员）

我在微软待了十余年，一直在做计算机视觉和多媒体分析。人工智能这个领域里有很多"钉子"，我们只不过是不时地换把锤子敲一敲"钉子"，把"钉子"稍微往木板里敲一点。要想把一颗颗"钉子"完全敲进木板里，过程还是很漫长的。

大家现在都在谈人工智能。人工智能领域很广，它包括机器学习，机器学习又包括深度学习，不能把"人工智能"和"深度学习"

这两个概念混淆在一起。计算机视觉是人工智能的一个应用领域，它就相当于把相机连上电脑，电脑可以将相机所看到的东西一一描述出来。

我也看过一些相关领域的商业计划（BP），一些创始人说他们这个算法有多么了不起，这就很可笑。按照学界观点，绝大部分算法的领先周期只有 6 个月。真正的高手，最多花 6 个月就可以复现乃至超越别人的算法。很多人说计算机视觉到 2018 年就可以达到大学生的认知水平，我觉得这种说法非常不靠谱。保守一点说，现在计算机视觉在某些视觉认知的任务上可以接近 3～5 岁儿童的能力，这种说法会客观一些。

机器视觉是否能够超过人眼视觉？肯定不能这么说，因为比较的维度不一样。假如现在有一张图片，同时请一台机器和一个人对其进行标注，那一定是人类标注得比机器好，而且更为精细；如果拿出 1000 张图片请机器和人来标注，要求一秒钟内完成，那一定是机器做得比人好。

视觉理解的五层境界

图像的最小单位是像素。对于计算机视觉来说，最难的是判断每个像素属于哪个类别，即语义分割。这需要大量人工标注，没有哪家企业愿意花钱雇人做这件事。

如果觉得语义分割过于精细，可以不去关心每个像素处于哪个位置，只需要识别图像中的物体究竟是人还是马，人和马的位置在哪里，即物体检测。

还有一种情况是机器不去关心图像中马和人所处的位置，只是去识别图像中有什么物体,即图像分类。

第四种情况是,给机器一张图,机器不但要解读出图中有哪些物体,或者有哪些词,还要把这些词连成一句话。一种情况有点像看图说话:我给机器一张图,让机器说出一段文字,这段文字是自然语言,且不能有任何语法错误。另一种情况是看图回答问题。我给机器一张图,它要回答:图中有多少个人?图中出现的马分别是什么颜色的?

第五种情况是讲故事,这也是我们微软之前在做的一个技术。大家现在喜欢出去旅游,旅途中拍了很多照片,回来分享到博客上。现在机器可以自动帮你写一些博客文章,通过识别图片,把图中的内容以文字的形式表述出来。

视觉理解在"微软小冰"中的应用

微软有一个名叫小冰的聊天机器人,会自动给用户视频添加评论。小冰的视频自动评论功能上线第一个月,它的粉丝就涨了60%,而且1/3的用户不知道小冰是机器人,因为微软在训练小冰时,让它永远非常乐观地去评价用户发布的内容。假如夸一个用户长得好看,它不会只是泛泛地夸用户美,而是会具体指出你是眉毛好看还是身材比较好,所以大家都很喜欢它。

小冰现在还会写诗,虽然还有很多地方需要不断改进,但这个功能推出后很受用户欢迎。微软没让小冰写古体诗,而是选择了现代诗,按照今天的流行语,叫"freestyle"。小冰通过识别图片内容,来判断图片中的意境是明亮的还是阴暗的,是喜悦的还是悲伤的。在确定图片的基本情绪后,小冰会自动生成诗句。

用计算机视觉设计封面

微软曾经用人工智能来设计封面。人类在设计封面时，通常会考虑文字应该放在封面的什么位置，该用什么样的字体和颜色，而微软设计的机器视觉模型结合了心理学、广告学和颜色方面的理论。比如说一张以人物为主体的封面，主标题通常会放在人物视线所指的方向，因为视线代表着读者关注的焦点。食品类杂志封面很少用蓝色或鲜红色，这两种颜色都比较容易影响食欲。快餐店为了保证翻台率，当然不希望客人长时间待在店里，所以很多快餐店喜欢用橘红色作为主色调，因为橘红色容易让人焦虑。

机器视觉模型的工作模式是：当它拿到封面图片后，会自动分析图片主体在哪里，然后做色彩分析，判断其有几种主色调，每种主色调与什么颜色对应会比较和谐。机器甚至还可以给文字加特效，比如加一幅半透明的背景图等。

机器识别在内容管理上的应用

平台上用户上传的内容多了之后，需要对内容进行管理，内容管理最典型的做法是打标签。在真实世界里，标签无穷无尽，仅是人类所认识的花就有25万种，鸟至少有1万种，所以要想精细地给用户上传的内容打好标签非常难。

微软给不同物体所打标签的精细度也不一样，比如对于鸟和狗这两种类别的标签就做得很细，因为美国人和中国人都喜欢这些小动物。在识别车辆的时候，我们做了一个实验，从一个二手车网站上把所有车型照片全部下载下来让机器识别，识别率高达99%。而我们对于飞机、食物和医疗相关的标签打得还不够完整，尤其是在医疗方面，因为没有特别优质的大数据来支持。

在视频领域，微软的机器可以识别出 1000 种以上的物体和 500 种以上的动作，用户在搜索视频时就可以通过这些标签找到相关视频。识别人体动作有什么用处呢？现在有很多健身 App，假如嵌入机器识别功能，就可以判断出用户的动作做得是否标准、规范，并为其打分。

有了视频和图像，用户总要进行消费，也就是编辑或改动。我们为图片做了各种滤镜，做图片的滤镜不新鲜，国内很多公司也在做这个事情。微软研究院计算机视觉组做的一个研究很酷，叫风格转换（Style Transfer），机器可以分析任何一张图片的风格，并将这种风格应用到另外一张图片中去，如图 1-1 所示。

图　1-1

机器还可以对视频中的内容进行分割与重新组合，比如将视频 A 中的人物抽取出来，放到视频 B 的场景里去。当然，视频的分割比较费时间，因为机器需要对动态画面进行计算与处理。

梅涛　微软亚洲研究院资深研究员，国际模式识别学会会士，美国计算机协会杰出科学家，中国科技大学和中山大学兼职教授和博士生导师。主要研究兴趣为多媒体分析、计算机视觉和机器学习，研究成果十余次被成功转化到微软的产品和服务中。

1.2 人工智能的双重驱动力
■ 谢忆楠（旷视科技品牌与市场副总裁）

在美国，很多人工智能项目都以大学为主导，用于科研，不需要考虑赚钱的问题。而中国的人工智能项目存在于各种产业公司内，压力大，而且公司做完算法后还要赚钱。在美国很少能看到拥有四五百人的中型人工智能企业，公司规模达到一百人左右的时候，要么就维持一个小而美的研究，要么就等待被并购，进入一个大体系里。

下面我结合中美之间的差异性讲讲视觉识别的商业化。

老公睡着了，老婆就能让手机解锁吗

iPhone X 的人脸解锁功能引起了热议，网上流传着两个段子，第一个是老公睡着之后，手机被老婆解锁了；第二个是老婆卸妆后，发现手机打不开了。

这里有一项测试，如图 1-2 所示，让机器识别一些网红脸，看看算法能够给出什么样的结果。

通过测试结果可以看出，即便受试者化了浓妆，机器也可以识别出来，甚至连男扮女装都能识别出来。如果让人类去做这种识别，成功率会是多少？人脸识别对于机器来说就是一道算术题，化妆是障眼法，没有改变原有的面部结构，所以在 1∶1 的场景里，机器比人的判断力高一些。人类做出的判断由自己的数据库决定，比如面对一个非常熟悉的人，他变换发型之后仍能被我们认出。人类依靠的数据库由我们的生活圈决定，生活圈越大，认识的人就越多，生活圈越小，认识的人就越少。

图 1-2

这里还有另一项测试,如图1-3所示,我们找了一些电影中经过特效变化的面孔给机器识别,机器同样能够判断出这些面孔分别对应哪位演员。

因此人脸识别程序已经能够识别电影特效级别的面孔。什么样的面孔不能被识别呢?毁容之后的面孔不能被识别,面部关键部分或结构有变化,机器可能就识别不了了。

所以刚刚说的老婆卸妆之后手机打不开的问题,现在机器已经解决了。至于老公睡觉时手机被老婆解锁这件事,也是无法实现的。

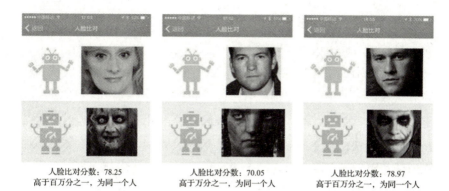

图 1-3

人脸解锁体验更好,安全问题仍然存在

大家都很关心人工智能的商业落地,目前人脸解锁技术已经真正实现了落地。判断两张图片是不是同一个人很简单,但是不同的场景下会有不同的命题,这些命题能不能解决,决定了这项技术能不能在相关行业里应用,这是人脸识别商业化的关键。

人脸解锁的体验略胜于指纹、虹膜。这里可以做一个对比。

(1)首次注册时,人脸和虹膜的速度快,拍一张照片即可,相比之下指纹比较慢,需要多次采集。

(2)指纹解锁需要手指配合,虹膜解锁需要对准眼部,这两种解锁方式都慢于人脸解锁,而且人脸解锁是非接触式的。面对同一种手机解锁方式,人们拿起手机一秒内成功了,这是正常速度,也是极限,如果解锁需要两秒甚至更长时间,大家就可能放弃这种方式了,这就是商业化对技术的要求。

(3)指纹解锁和虹膜解锁的抗干扰能力比较弱,比如手上沾上一些水或者油渍就不能被识别了，带上隐形眼镜虹膜解锁就不好用了，而人脸解锁的抗干扰能力更强一些。

人脸识别也需要与"黑产"（黑色产业）进行斗争。黑客们总会有新方法攻击你的手机，之前就有某款手机的人脸识别功能会被照片破解的新闻。目前在"黑产"市场，破解手机人脸识别功能的价格大概是 800 元一次，批量破解 50 元一次。研究人脸识别的厂商需要了解黑客的攻击方式，强化自身的技术，从而进行防卫。

一台门禁机反映出的问题

在人脸识别技术走向商业化的过程中，"技术－场景"双轮驱动才是关键，技术单独发展并不十分有效。现在为什么强调算法？因为大家在找投资的时候，要向投资人解释这项技术为什么值钱。天使轮、A 轮、B 轮投资的投资人可能都要有这样一个标准。

旷视是一家研究人脸识别的公司，曾给公司内部做了一款可以刷脸的门禁机，后来这款机器被做成了商业产品。投放到市场之后旷视发现，制约人脸识别技术落地的并非是机器识别的准确率与速度，而是不同小区的环境。小区大门朝东的，早晨人脸逆光面对机器，识别不了；小区门口路灯昏暗的，到了夜晚机器就识别不了。于是我们需要改算调优，对逆光改算法，对亮度改算法，不断解决这些问题。所以当人脸识别技术真正走向商业化落地的时候，要解决的问题远比你向投资人介绍的算法复杂得多。

在一个真正的商业化场景里，门禁机的机身可能是一个非常小的集成商做的，算法是科学家做的。集成商不懂算法，科学家不会去解决使用中遇到的零散问题。所以想要实现人脸识别的商业化落地，公司必须有能够与算法专家和集成商对接的人才，这类人才需要特别强大，甚至需要专门培养。现在比拼算法专家数量不是一件难事，真正具有挑战性的是面对商业化落地，产品如何实现集成。

人工智能走向商业化，不只是一个算法问题

警匪片里通常只有一两个坏人，而现实生活中警方要面对多少坏人？一个大型城市的固定人口加上流动人口，总数大概是1000万～2000万人，从中抓一个罪犯，需要多少数据？这就是商业化人工智能和算法级人工智能的具体差别。

旷视的人脸识别程序现在已经能够帮助警方识别嫌疑人，这里有两个典型的例子：两个嫌疑人，其中一个潜逃了五年，觉得没人会认出他，结果被机器识别出来了；另一个逃了七年，以前很瘦，这七年间变胖了，还是被机器识别出来了。处理一个打架斗殴事件，如果单纯依靠警方排查寻找嫌疑人，需要多少人力和时间？但是通过人脸识别，三秒钟就找到了嫌疑人，五分钟后巡警就能完成抓捕。警察要抓嫌犯，不是说从几万人里把这个人认出来就万事大吉了，而是要明确在哪儿能抓住他，他会在什么时间、什么地点出现，警方需要的是一份情报信息。一秒钟识别，一秒钟定位，告诉警方这个人在哪儿，这是算法的真正落地。

真正的商业化并不是解决一个算法问题，而是解决场景和需求问题，找最合适的发力点。

此外，人工智能走向商业化，除了把算法做好之外，还要解决如何跟硬件结合的问题，如何通过警用摄像头实现算法功能的问题。现在国内的警用摄像头有5000万个左右，其中80%的摄像头只能看

到人的身体,看不清人脸。因此,在像素级受限的情况下能不能识别,也是人脸识别商业化过程中需要面对的问题。

技术和场景是人工智能的双重驱动力

人工智能的核心驱动力到底是什么?

目前大家关注的范围主要包括产业环境、技术、数据、场景、人才、商业模式、行业这几个方面,大家喜欢看团队里有多少博士,商业模式有多完美,行业渗透能力强不强,大数据上有没有优势。

其实真正的驱动力就两个:一个是技术,另一个是场景,如图1-4所示。

图 1-4

公司的技术到底能不能适应这个行业,对这个场景的了解有多深,这些问题的答案就涉及人工智能真正商业化的一些问题。

如图1-5所示,技术、商业、数据的化学反应可以将场景细分。为什么现在人工智能领域出现很多细分公司?因为数据在每一个行业里是一定量,不同的知识解决不同行业的问题,场景需要技术落地,而技术会细分场景,不会有某项技术可以适应全部场景。想把所有场景划分出来，谷歌级别的公司也很难做到。

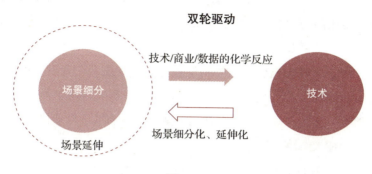

图 1-5

在中国的人工智能领域，投入多少成本能将技术做出来是一个未知数，技术研发成功之后能够得到多少回报也是一个未知数，这是一个尴尬的场景。

人工智能公司在一级市场估值非常高，但是公司敢拿这份财报去二级市场上市吗？我相信大部分公司都不敢，因为一定会倒挂。所以场景细分之后我们发现只有在公司可以做很多东西的情况下，才能真正赚钱。如果只做一个软件开发工具包（Software Development Kit，SDK）级别的生意，那么公司在每一个行业里的议价能力都会非常弱。

旷视的小区门禁系统现在能解决在逆光下识别人脸的问题，解决的关键在于旷视已经在100多个小区安装了人脸识别门禁机，这么多场景下的数据可以帮助优化算法。但如果没有这些数据，旷视怎么解决这些问题？场景得到细分，技术也能得到相应的优化，所以场景一定要不断扩大。这就是双轮驱动的具体用意。

旷视最早选了一个非常小的技术点作为开始，做了一个用人脸控制东西的小游戏，包装了一个"运动颈椎"的概念，后来做了一些娱乐级的刷脸实践。网络上比较好玩的测年龄、颜值、夫妻相的App，包括女生用的美图秀秀，底层坐标技术都是旷视的，而其他厂商会用这些技术开发很多创意。

三年前，阿里巴巴表示要跟旷视合作，解决几个金融上的问题：一是支付问题，二是远程开户。"刷脸"能够解决这两个商业场景中的刚需——远程合规问题。互联网金融公司没有线下营业网点，需要通过一种技术解决合规性问题。

从驱动力的角度来看这件事，技术是人脸识别技术，场景则是要解决远程开户的合规性，与此同时还需要证明远程开户是符合客户本人意愿的操作，这就涉及活体验证。场景对技术提出了要求：把人脸识别技术集中到柜台和手机App里，而且要保证识别速度快。所以必须不断地找场景，通过满足场景提出的要求，让技术一直持续有效地领先下去。

旷视经常会接到来自全国各地、各行各业的电话，希望旷视帮助它们设计具有代表性和针对性的算法程序。德青源曾找过旷视，他们有一个国家级养殖中心，里面有10万个鸡圈，德青源想通过在鸡圈里放置摄像头的方式来统计鸡的数量。经过思考，旷视认为这个场景对于自身的技术来说落地难度非常大。通过这件事旷视也收获了一次历练，明确了基于金融级别的人脸识别到底该做什么样的事情。

做人脸识别要有针对性地解决不同场景中的问题，如果不明白这个场景对技术的要求，就无法实现技术的快速进步。而且人脸识别不能只识别中国人，还要能识别外国人。VIVO曾在印度发布了一款带有人脸识别功能的手机，大部分印度男性都会留很浓密的胡须，而且他们的肤色偏棕黑，识别中国人和识别印度人对技术的要求肯定不一样，旷视用了三个月时间解决了印度人脸识别的问题。

"AI+ 医疗"

人工智能在医疗领域的发展前景有待观察。现在"AI+ 医疗"能解决什么问题？机器可以根据一张扫描片判断病人患了何种病，这种判断基于医生们积累的经验，也就意味着机器要录入很多标准化的东西。病人拿一张片子去给十家医院的大夫看，可能会得到五个以上的结果。以前我的膝盖受伤了，到医院拍了一个磁共振成像（Magnetic Resonance Imaging，MRI，简称"核磁共振"），去了三家医院，得到了三个结果。把同样一张片子给机器，机器会选择哪个结果？医学需要考虑很多综合性因素，因为每个人的生理状态都不一样，故而同一种疾病的病因可能是不一样的，所以有"会诊"这种形式，请很多老专家推断可能的病因。从这点来看，医学本身不具备这种大规模的标准化数据录入的可能。

人脸识别技术的新发展

最近几年人脸识别技术实现了哪些突破？首先，人脸检测最初需要在一张脸上测五个点，那时同一张人脸一旦更换发型或者配饰，机器就识别不了了。现在在一张人脸上要识别三万多个点，不管被识别人怎样化妆，不管处于何种商业场景中，不管面对什么样的自然环境，机器都可以完成识别。

其次，很多人觉得人脸识别不太靠谱，这是因为人类本身非常擅长人脸识别，用自己的视觉系统去质疑这项技术，不相信机器能够超越人类完成海量的人脸识别工作。为什么大家很少质疑指纹？因为我们都不会识别指纹，所以会认为机器能做得更好。其实机器和人看到的世界是两个世界，指纹识别的准确率和人脸识别的准确率几乎一样。

另外，现在的人工智能已经可以实现多角度识别，甚至"阴阳脸"（脸部光照不均）都可以识别。

在技术的发展过程中，一定要找到商业场景中可能会出现的一切场景。人脸识别技术并不是科学家坐在办公室里就可以想出来的，科学家如果想让人工智能实现商业化，需要让自己变得"糙"一点，要想到普通人经常遇到的场景。

谢忆楠 旷视科技（Face++）品牌与市场副总裁。拥有 13 年市场与品牌传播经验，曾在中央电视台、易观国际、奇虎 360 等多家媒体与互联网企业负责市场品牌项目。

1.3 人工智能中的 3D 行为识别及其商业化

■ 熊效李（皓图智能科技创始人兼 CEO）

我于 1997～2000 年在微软工作，后来去硅谷创业，开办了一家做压缩芯片的公司，2008 年这家公司被收购。回国后我又创办了一家 VR 公司，于 2013 年被收购。2014 年我创办了皓图智能科技，研究"3D 行为识别"。

从 1997 年到 2008 年，我一直在视频领域工作，2004 年开始进入 3D 领域，那时电脑芯片开始加入图形处理器（Graphics Processing Unit，GPU），我是交互式网络电视（IPTV）芯片负责 GPU 的设计师。

所以在 3D 行业里，我们有 13 年的经验积累，而从创办 VR 公司到现在，在行为视频领域，我们有近十年的经验积累。

视频领域的两个派别：2D 派与 3D 派

人类在视频领域能够发展到何种地步？这个问题的答案有很大的想象空间。人眼能够判断物体的前后关系，但不具备精确测量距离的能力，只能靠叠加关系来了解整个三维空间。现在视觉领域里有两个派别，一个派别使用 2D 信息，比如 2D 人脸识别，另一个派别使用 3D 信息，比如 3D 行为识别。

人类希望用立体视觉观察世界。只有 X 轴和 Y 轴组成坐标系的空间，即二维空间，包含的信息量很少，所以人们需要的是对三维空间的观察和理解。用 2D 摄像头拍摄三维空间所呈现出的画面，其实是一种变形空间，我们的世界是三维世界，只有对三维世界进行三维采集、三维分割，才能观察到并理解真实的空间，进而解决真实的空间中存在的问题。因此，我对使用 2D 信息的派别持悲观态度。举个例子，一个人经过正在拍摄的摄像头时可能在低头，也可能在做其他动作，有时这个人被摄像头拍摄到的角度很特殊，面部只露出一部分，在这种情况下摄像头很难利用 2D 信息进行人脸识别。

3D 行为识别：一种与众不同的识别方法

皓图的技术为什么叫"3D 行为识别"？在判定一个人的行为时，皓图没有使用常规方法，而是通过加入 3D 技术，使用了一种全三维的方法，这种方法也可以被称为数学空间、几何空间方法。到目前为止，公司80%的精力都放在从数学层面上描述这个世界。

3D行为识别的研发具有一定难度。以前皓图做线下消费行为识别的项目时就觉得非常难，因为动态识别需要对人的动作进行跟踪，而跟踪是一件很不容易的事情，凭借单个摄像头进行跟踪并不现实。在把整个三维空间全部矢量化后，这项工作就变得简单一些了。首先把空间和人矢量化，某人进入一个场景后，设备会对他进行轨迹跟踪，然后对他全身的骨骼动作进行精确的分析和判断，他的手指做了什么运动，碰到了哪些地方，所有轨迹设备都可以进行跟踪和识别。这项技术不属于机器学习的范畴，而属于几何计算的范畴。

目前皓图的3D识别技术每秒需要处理3.4G数据，虽然数据量很大，但海量数据也带来了更多信息。面对一个面积一万平方米、能容纳十万人的场景，皓图的算法依然能够完成行为识别。现在，皓图在技术上已经可以做到在任意复杂的环境里面100%跟踪并识别任意多人，可以记录每个人进出监控区域的时间，并重现其运动轨迹。不管这些人是抬头还是低头，即便只能看到半个耳朵或一只手，皓图同样可以实现对这些人的识别与跟踪。体积很小的物体也可以被精确跟踪，动态轨迹可以精确到厘米。

皓图智能目前主要针对两类行为进行识别，一类是异常行为的识别，另一类是日常状态的识别。异常行为目前皓图只能识别出三种：倒地、撞墙、打架。可能很多人觉得识别"倒地"这个动作很简单，很多公司都可以做出来。其实到目前为止，几乎没有哪家公司检测倒地行为可以实现100%的准确率，能够达到40%的准确率就很不错了。但皓图检测的准确率是100%，因为皓图依靠的是对每个人骨骼特征和轨迹的分析和判断,并且掌握了地面的平面方程,因此可以做到精确计算。当某人倒地时,他身上每一个肢体部位的速度都能被皓图完全掌握。可能有些人会对 100% 的准确率持怀疑态度,实际上这个准确率不需要测试,因为这就是数学的特点,在几何空间内,数据完全可以被计算出来。

3D 行为识别的落地

目前皓图的技术已经落地,主要场景在监狱和派出所。在一个可以容纳 12 人的监舍里,安装四台设备,警察就能够完全掌握监舍内所有犯人的行为轨迹,完成异常行为的识别和提示,比如犯人在卫生间里停留的时间超过一个标准,机器会自动报警。

我对人工智能的发展持悲观态度。人工智能需要和一些垂直领域进行联合,比如在语音识别领域,除了识别讲话内容,机器能否把讲话者的微表情或是肢体动作识别出来?能否把微表情或是动作同样转换为文字?这种技术的研发可能需要十年甚至更长时间,研发难度非常大。

熊效李 皓图智能科技创始人兼 CEO,电子科技大学特聘教授,国家"千人计划"专家。毕业于美国伯克利大学,曾在美国 Microsoft、WISchip/Micronas 等多家跨国公司担任高级管理职位。

1.4 人工智能投资,这样搞更靠谱

- 范维肖(翊翎资本合伙人)

我们基金的名字叫翊翎资本,从 2016 年 2 月开始,翊翎资本着

手在人工智能领域进行布局。以下是我个人在人工智能领域投资过程中的一些心得。

算法、数据、算力：人工智能的"三驾马车"

追根溯源，数据是人工智能的基础。

早期，人类经历了对数据的采集、清洗、标记、存储、计算，经历了大数据的代际更替。通过数据，人类能知晓过去发生了什么，还能知晓发生的原因。

借助于人工智能对数据的增力作用，人类又能知晓未来会发生什么，还能对未来做自动优化。

从最早的"基础+激活"到"分析+人工决策"，未来的自动决策、自动控制将是个更重要的过程。统观整个人工智能发展史，现在是非常重要的时间点，我们要清醒地识别出一个发展的边界，判断其属于过去还是未来，同时也应该在这个边界线的附近寻找更多机会。

人工智能有三个支撑基础：算法、数据和算力。其中，算法是核心。

我们见过很多所谓的黑科技。为什么叫黑科技？因为它跟当下的科技水平保持了一定的距离。但黑科技如果距离当下过远，往往可能是跨过了科技树一定的发展过程，跟产业没有融合，这就会产生大问题，比如说不能产生有效数据，技术开发者不能进行有效判断。

把数据用来训练算法，我们通常把这个训练过程叫"喂数据"，把数据叫"奶妈"。没有数据，再好的算法也很难进行有效升级。在过去几年中，我们特别幸福地经历了大数据时代。现在的时代特征是，各个行业大量数据沉淀积累，数据开始与科技产生碰撞。过去我们不遗余力、不择手段地去获取数据，而现在在数据红利期，数据量极大丰富，精度极大提高，这是大数据时代给我们打下的一个好的基础。

目前的算力大小是基于 GPU 的计算效率。与传统中央处理器（Central Processing Unit，CPU）时代相比，GPU 在速度上有了大幅提升，以前算一个东西需要 2～3 年，迭代效率太低。GPU 出现之后，像亚马逊这类公司便开始提供硬件工厂，让大家通过租用方式去构建集群，节省了人力和硬件成本。算力提速，人工智能的产出就刺激了很多商业领域进行革新，这些革新反过来又会驱动数据和算法的持续提升。

算法、数据、算力相互促进，它们所带来的红利现在来看还不是很明显。2016 年 Facebook、Google 一起将这些东西以开源方式奉献给社会，降低了人工智能行业的进入门槛。

如何寻找人工智能产业链的投资逻辑

如何投资人工智能项目？翊翎资本总结出了一个棱镜法则。

棱镜法则涉及光的色散原理。透过一个形状为等边三角形的玻璃棱镜，白色的光从左侧照进来，通过两次折射产生光谱。这个折射过程很好地透视了翊翎资本的一种投资逻辑，有助于翊翎资本较为容易地剥开算法、科学、技术、产品的外衣，看到人工智能产业链的投资逻辑。

从春运看碎片化数据的价值

人工智能发挥价值过程中的第一个推进器叫数据增益。人工智能仅用于有数据的行业。这个行业积累的数据是否全面？精度是否够高？是否愿意拿出来被用？这几点是我们判断人工智能产品能否有效果的第一个推进器。

现在是一个大数据极大丰富的年代，"极大丰富"说的不是量，而是利用率，这是数据本身的核心之一。很多业务场景都是基于现有数据去构建上游业务场景，上游业务场景引发新数据的产生。

我们发现，数据孤岛化和碎片化的情况越来越严重，一家大厂商去融合各种各样数据的可能性太低。公司自己有数据，不会给别人，而且有的数据越多，越不会给别人。

数据碎片化过程中有很多机会，也有很多商业领域的正向循环，这是翊翎资本最为关注的事情。能否在所投的大数据公司乃至整个数据产业链条里找到现有数据对于人工智能技术有增益的方向，这个对翊翎资本来说很重要。

春运是全国性的大难题，春运的本质问题不在于我们怎么去优化运输环节，而在于运力不足，解决这个问题需要修建更多轨道、投放更多火车，但在非繁忙的闲置时间内，这些投入又造成了很大的浪费。

还有个问题是，春运系统越优化，春运就越拥堵。为什么？因为大家 24 小时不停地往回赶，每个人都想回家，这些底层的诉求都不会因为技术和数据的变化而变化，这就是这个问题的核心逻辑。

所以有时候，那些所谓"极大丰富"的客流数据在春运领域里作用真不大。但这些数据放到地方是有用的。比如山东这样的省份，一个城市里高达 11.7% 的人口都在外地务工，为了应对这些人在春节集中返乡，对这些地区水电使用量等数据的早期预测很重要。也就是说，春运数据用在其他领域反而是合适的。

但春运数据怎么公开？这个事就变得非常矛盾，理论上春运数据是公开不了的，这关系到隐私问题。现在中国数据开放程度在全球排名很靠后，排到八九十位。数据的开放程度与对个人隐私的尊重成正比。只有保护隐私才能够去开放，这一点从侧面说明了数据碎片化一定会越来越严重。

场景增益要做顶层机构调整

人工智能发挥价值过程中的第二个推进器叫场景增益。移动互联网领域有着严重的 To C 逻辑，而 To C 消费类互联网服务讲究沉浸感，大家绞尽脑汁为了增强用户体验而完善产品，比如帮助用户查询时间缩减一秒，帮助用户在使用 App 时少翻页、少点击，获取更准确的结果。这些都是产品的提升，但人工智能正处于婴儿阶段，现在就进入商业环境，对场景的增益有多强？这个问题值得认真思考。

场景增益决定光谱的价值。

场景落地的时候，企业端看的是投入产出比。企业投入极低价格帮自己解决一部分问题，对企业来讲就是个极大效益。所以到了场景增益的时候，我们要做的是顶层结构的调整，这个顶层结构的调整从两边来看，一边是做人工智能的公司，另一边是应用人工智能的公司。

早期人工智能公司都是 To B 的增益，投资者一定要去理解产业上的一些问题，知道产业症结在哪，进去之后才能够对这件事有极大增益作用，才能拿到数据，持续在上面做学习和改进。

人工智能应用型公司也是一个投资方向，看哪些产品可以去附着到人工智能上来变成增益。在这个过程中我们需要不断切换，从一级市场、二级市场、一级半市场三个部分的切换中看这件事，不同事情在不同市场下一定是不同的。

一级市场和二级市场的收益差在逐渐降低,根据我个人估计,这个数据一旦加速,迭代周期就会缩短。所以在这个时候公司要找到需求侧的投资,因为它会在场景落地时产生极大的项目价值。

无人驾驶:换一种思路

我们在投资一些人工智能类、技术类公司时,一定要看到它在商业上的一些思考和方式。这里举一个相对比较集中的例子——无人车自动驾驶。

从传统意义上来讲,我们对于无人车的认知已经不再仅限于它怎么躲避障碍物,怎么躲避行人,遇到紧急情况时怎么保证驾驶人和行人安全。现代自动驾驶里技术应用最成熟的公司是优步(Uber),它2016年收购了一家公司叫OTTO,专门研究货车的无人驾驶。他们的思路是要把无人驾驶变成火车:前边一个驾驶员开车,后边八辆无人驾驶大卡车全都跟着,这也是为什么现在大家都说这家无人驾驶公司做的技术叫跟随式技术,这种技术研究的根本不是自动驾驶,而是跟随。

跟随其实是没有错的,这就是顶层结构性调整推动事物回到底层做重新认知,再把它推到商业环境中来的过程,即底层结构的更改。

我们研究自动驾驶,如果都考虑让它像人一样学驾驶,是一种思路,但这种东西的研究可能会非常非常的慢。在实际应用过程中,落地场景会遇到各种障碍。做无人车很难,但是做火车就简单多了,铺一条轨道就可以。

传统人类驾驶用的是地图,无人驾驶项目的核心投资点也应该在地图上。这种技术在国内被称为高精地图,在国外叫Mapping。

Mapping 的制图技术更重要一些,因为无人车驾驶技术的研发就是基于轨道的方式来思考。

技术服务化,服务商品化,服务组合共振化

现在很多大公司都在把人工智能服务化,比如百度就把很多关于图片鉴黄、语音识别、自然源处理等技术以 API 的方式开放,任何人只要会写几行代码就可以调用。在这个代际更替的过程中,慢慢会出现技术服务化、服务商品化和服务组合共振化的现象。比如现在很多公众号都变成机器人,用户可以通过语音形式跟服务号说打车,那么当他按住语音键说"我要打辆车去东直门"时,后台要经历哪些过程呢?

第一层叫语音识别,后台要把语音识别成文本。

第二层是自然源处理的过程,通过理解这个语言,来判断出打车要从当前位置到东直门的这件事。

第三层是要跟用户做更多交互,比如是否要通过技术化手段自动叫辆滴滴专车过来,然后告诉用户车来了。

当下的市场环境推动了越来越多的人在人工智能领域创业,所涉及的领域也越来越细分,创业者在人工智能应用方面既可以只选一家,又可以选择多家,组合出一套解决方案,通过组合来解决用户端(C 端)消费者的需求。

底层数据不共享,前端入口不开放,中间层协同效应很重要

百度不可能开放底层数据出来给任何人用,腾讯也是如此。现在腾讯拿着微信架在大家前边,这是在上一代社交网络的浪潮里大家就

明白的事：做 C 端产品一定要往前做，更靠近用户端。

跑在所有人的产品前面，这是在做 To C 类产品相对比较重要的法则之一。已经把 C 端用户牢牢抓住的人，也不会将前端入口开放出来。我们看微信这几年产品变化的节奏，也能清晰认识到这一点。

在协同效应过程中，翊翎资本能够把数据从其他地方汇总过来，利用技术的方式去不断产品化，利用不同产品组合，变成一个解决方案，然后再打向用户。所以我认为在这个中间的过程中存在一个比较大的投资空间。

"云"引入的平台机会

聚合人工智能服务的平台很有可能出现有价值的投资标的。

首先，这类平台能够更方便地让应用层把更多人工智能技术服务以更低成本汇总过来。

做过企业的人都知道，企业做大了之后，最关心的是对于复杂度的控制，而复杂度不会平白无故地降低，只能把全部精力都放在"有效地控制复杂度快速增长"这一点上面。各种人工智能和数据的引入有助于提升企业内部服务，但成本非常高。而聚合人工智能服务的平台可以让企业以更低成本快速嫁接人工智能服务，应用到企业的落地产品中来。

其次，这类平台给了企业一个选择，让企业数据可以更方便地在云与云之间迁移。这些都是未来人工智能服务不断向密集化、碎片化方向发展过程中出现的平台机会。

这类平台可能跟人工智能关系不大，跟数据关系也不大，它是一个综合体。

这是翊翎资本认为的另一个投资方向：在投资过程中找到这个中

间层的空间，在这个空间层里边去找每一类企业。

SoC：算力前置带来的投资机会

过去这些年，看来看去，大疆无人机也好，机器人也好，都有很硬的应用场景，SoC 是这个窄小领域里边很重要的一点。所谓 SoC，可以理解为具有计算能力的芯片。

举个例子，翊翎资本投资的公司里有一家是基于人脸识别的技术做会员信息采集，客户一进到房间里，药房助理通过人脸识别，就可以完全知道客户信息。

这样的场景用起来会有一个问题：企业所使用的人脸识别技术来自于第三方公司，第三方公司在云端，通过摄像头采集完数据要回到云端，云端再把计算结果回过来，这就导致至少一两秒的时间延迟。还有个问题是：同样一个客户，如果在摄像头前面反复出现十次，企业就必须要为这十次远程服务的调用付出成本，因为摄像头没有任何计算能力，每次都要跑到云端计算，这是一个很大的资源浪费。

后来技术方就拿一块价值一千多块钱的平板电脑，在里面写一个程序，将其架在摄像头后边，才算把这个问题解决了。但如果给摄像头安一个芯片，五六块钱就可以解决，芯片还能做计算加速，我们将其叫作算力前置。

新交互可能是最大的投资机会

《三体》里边有个很著名的法则叫"黑暗森林"。黑暗森林法则认为，稀缺资源是安全的，不要暴露给别人。在新的人工智能代际里，我个人认为新交互是稀缺资源。2016 年，微软、Facebook、谷歌、苹果都对这类交互类平台做了投资布局。

我们经历了人跟 PC 的交互，后来变成人跟移动设备的交互，未来我们将通过屏幕去进行交互。新的交互方式没有明确界面，张嘴开聊就能解决问题，而解决问题的通道和能够解决问题的能力是两回事。比如说我们现在在办公室里放套音响，它能在后台帮我们打车、订酒店、订机票，但是它接触的可能是不同服务商。所以这个音响是个入口，功能的实现由多种服务组合而成，前边的入口为后边导流，自己能做就做，不能做就给别人，以共赢方式去打造一个比较密集的服务矩阵。

Facebook 也在尝试去开放广告的接口 SDK 等，现在这些方式没有一个明确的产品场景，无法让人直接看懂，但对于早期投资方来说，这个交互有可能是最大的机会。

范维肖 翊翎资本合伙人。拥有十余年互联网研发经验，前微软最有价值专家，曾任中国移动飞信 SNS 业务的首席架构师。曾作为 co-founder & CTO 先后打造"你听音乐""节操精选"、数字音乐版权交易云"DMC"等项目。

1.5 人工智能大数据最容易变现的五个领域

■ 焦伟（创势资本合伙人）

我投资项目主要看三个维度：高成长性、高技术门槛和高营收。

高成长性意味着项目爆发力强，投资这类项目代表着投资人进取的一面；高技术门槛意味着项目存在一定技术壁垒或技术垄断，投资这类项目代表着投资人激进的一面；高营收意味着项目变现能力强，投资这类项目代表着投资人稳健的一面。

这三个维度很难交叉。一般来说，同时具备高技术门槛和高营收的项目很少，高技术门槛意味着别人很难进入，但行业也经常处于比较早期的研发阶段，这个阶段烧钱烧得厉害，营收必然上不去。同时具有高成长性和高技术门槛的行业倒是有可能存在，比如如果技术较快实现商用，公司成长性就会比较好。

创势资本不追风口，更看重赛道耕耘和投后服务。风口上的项目不但贵，滥竽充数的也很多。

人工智能大数据五大领域变现情况喜人

大数据可归入上述维度里的高技术门槛一类。这个赛道很多人不愿意投资，因为大数据项目不但估值虚高，而且变现比较难。

的确，人工智能和大数据的市场爆发远未到时点，但在某些细分领域已开始商业化应用，营收情况也很喜人。

第一个领域是语音识别。科大讯飞、出门问问等企业是其中的佼佼者。

第二个领域是无人驾驶。已经有不少车企对无人驾驶的一些边缘应用进行商用。

第三个领域是机器视觉。在安防领域，海康威视给交管局提供车辆识别系统，给公安部门提供疑犯追踪系统。人脸识别也运用到了对于支付安全要求特别高的金融领域，比如招商银行在单笔转账超过20万元时会启动人脸识别。在社交传播领域，faceu、美图相机等产品里有些萌化应用的底层技术就是机器视觉。

第四个领域是机器人。工业机器人、消费机器人、服务机器人题材在二级市场已经被反复爆炒，随着工业4.0时代的到来，机器人领域的商用前景比较广阔。

第五个领域是物联网。物联网是个比较宽泛的概念，国际上物联网做得比较大的都是单品，以智能硬件作为入口抢占市场。智能硬件的发展眼下已经进入相对的低潮期，但它们所代表的入口背后的人工智能与大数据值得我们关注。

创势资本从 2015 年开始投资大数据领域垂直项目。在诸多垂直项目中，对普适性工具和具体产品形态项目涉猎较少，所投项目主要集中在行业垂直方面。

创势资本在娱乐大数据方面投资了艾漫数据，它和腾讯是战略合作伙伴关系，和许多电影院线也有合作；在商业大数据方面投资了玻森数据，它现在在行业内也处于数一数二的地位；在体育大数据方面投资了彩球，它在欧洲杯期间单是彩票代销一项，营收就高达 1.8 亿元人民币，这证明它在变现方面有独到之处；在艺术品大数据方面投资了艺加一，这个行业偏冷门，但艺加一在短短一年时间里就完成了四轮融资，很多基金对它趋之若鹜，追着投资。

当然，创势资本也错失过一些大数据项目。亚马逊有两个小伙子归国创业，做大数据的实时清洗和分析，这种可实现实时性的技术对于电商来说意义重大。创势资本关注这个项目的时间过晚，错过了最佳投资时机。

所以说，大数据和人工智能应用确实变现难，但不是说不能变现。如果基金在早期不做配置，到了后期再介入，成本会比较高，这种打法不太符合创势资本的投资阶段安排与投资体量。

消费者崇尚体验 O2O 市场教育功不可没

人工智能眼下很热，但我反而更看好消费升级和文化娱乐领域的投资机会，因为经过线上到线下（Online to Offline，O2O）的市场教育，中产阶级消费意识开始觉醒。

2015 年，大数据不是真正意义上的风口。当时的风口是 O2O，但我没投资。虽然很多O2O模式创业项目后来都宣告失败，但人们在体验O2O项目后发现，在价格与服务质量之间，他们宁愿选择多花点钱，也不愿牺牲服务质量。

从2017年末到2018年初，消费升级会迎来一个巨大的风口。

我投资过一个叫"飞屋环游"的项目，它就是一款典型的消费升级的产品。

"飞屋环游"的定位是国人的境外私人助理，它业务中的一项是旅行助理。用户预定了这项服务后，私人助理就会去接机，然后陪同用户到酒店，协助办完入住登记，让用户舒舒服服地在酒店房间里住下，然后与用户告别。全程不超过两个小时，但这些服务给用户带来了宾至如归的感觉。

也许你在国外有朋友，但很多人都不太好意思去麻烦他们，因为每个人都有自己的事情，为了来接你，你的朋友可能要耗费大量的时间成本，向老板请假，顺便还要请你吃个饭，远不如自己付费买一两个小时的服务干脆利索。

旅行助理只是"飞屋环游"的一个基础服务，它还有商务助理和紧急救援服务，可以满足用户的海外置业与海外法律纠纷等需求。

"飞屋环游"创始人本身就是旅游达人，很懂境外旅行，在海外也有很多朋友，短时间内便迅速建立起2000人以上的全球境外助理团队，团队成员没有一个是传统旅行行业的地接，从而杜绝了导游索要提成与回扣等影响用户体验的现象发生。

投后服务跟不上，项目再好也不投

除了高技术门槛、高成长性和高营收三个维度之外，我还有一个投资策略：如果某个项目，我无法为其提供行之有效的投后服务，即便再看好也不投。

所谓"投后管理"，在我看来，可以分为"管"和"理"两块。"管"这方面的原则是抓大放小，投资方只抓趋势和大的指标，细节与策略性的方案交由项目方自行决断。"理"就是投资人给项目方提供一些资源性的东西。

我们之前投资过一个企业服务项目，该项目眼下很受基金追捧，而在年初，它还面临团队信心不足等问题。当时我召集该团队所有中高层员工开了个会，帮他们把所有产品线梳理了一遍，分析其中最具优势的地方。

该项目当时有四到五条产品线，经过梳理，只留下定制化人力资源（Human Resource，HR）管理系统和视频领域招聘软件即服务（Software-as-a-Service，SaaS）系统两条产品线，其余全部砍掉。有个做软件开发的上市公司正好缺乏定制化 HR 管理系统，我便帮助双方做了对接。这家上市公司对该产品线如获至宝，以最快速度签署了合作协议。而对项目方来说，有了这么大体量的上市公司作为合作伙伴，也可以省去很多渠道拓展的成本和压力。

事实证明，创势资本这两年的运气确实不错，一期基金从 2015 年到现在，投资了 15 个项目，账面浮盈为 343%；二期基金从 2016 年到现在，投资了 14 个项目，账面浮盈为 183%；项目进入下一轮的比例为 88%。

焦伟　创势资本合伙人，美国 SparkLand、MicroCapital 投资顾问，美国 XINGTERA 等多家公司董事。投资项目有艾漫科技、彩球、枭龙科技、时代拓灵等。

第 2 章　区块链

2.0　区块链的商业逻辑

■ 陈菜根（天天抖料创始人）

区块链不是一项纯粹的技术，而是一种思想。说高一点，它不是一种商业形式，不是去建立公司，而是建立社群。所以为什么有人说区块链是一种信仰，极客们愿意痴迷其中？难道是因为财富吗？五年前代币没炒得那么热的时候，他们就喜欢用它去做自己喜欢的事情，极客们信仰代码，信仰数学算法，因为它们是公平的。

从这个角度来讲，区块链技术重塑或重新创造了一种技术性的信仰，让大家找到一种共识，然后通过介质去承载。

区块链的世界

我觉得现在有三个平行世界——现实世界、互联网世界和区块链世界。按道理来说，做了好事就应该有价值回报，但现实世界和互联网世界都不能满足，但区块链世界却可以。互联网世界解决的是信息不对称的问题，而区块链世界解决的是价值不对称的问题。

举一个简单的例子，我们扶老奶奶过马路，有可能因此被讹诈一笔，这是一个负资产，所以我们不敢去做好事。这样的例子在现实世界里大量存在，是人心涣散，或者是人性变恶了吗？不是，是机制问题，现实世界的奖励机制是负的，从而导致做好事反而负了债。

在互联网世界里，我们将自己的思考、见闻发在了朋友圈和微博等社交平台，获得的也只是赞、评论或口碑，依然没有货币化、证券化。

在区块链世界里，好人有好报是通过通证（Token）的方式体现的，这是一种奖励机制的设置。这时我们要考虑到用户的共识是什么，如何实现利益分配，Token如何在产品上流通，人、行为、价值如何串联起来等。这种机制实质上是一个大社群的底层逻辑。

我们如何定义一个国家的大小？不是看它的面积有多大，而是看它的人口有多少。社群首先是人的概念，一群人在一起，拥有共同的价值观、属性，比如中国人都是黑头发、黑眼睛、黄皮肤、说中国话，这就是社群。区块链在技术的基础上，建造了社群，社群将一群有着共识的人聚集起来共同建设社区，而社区里又可以延伸出很多的应用。

大家目前比较关注币圈，因为财富效应目前都是从币圈传出来的，而区块链技术层的应用还没有那么快，它的算力、技术组合、变化量等，在短时间内都没有办法有很大的提升。

所以，纯粹从赚钱这个角度来讲，社群就成为了一个一群人因为赚钱而聚集在一起的组织，这导致了很大的泡沫。但泡沫也有好处，就是让更多人关注到区块链技术，真正做技术的人可能因此看到曙光，发现自己做的事情不单纯是一种理想、情怀，还有价值和回报，而它的弊端就是吸引了大量的投机者为钱而来。

好的财富效应是通过社群的方式让主流资本、创业者参与进来。

分布式商业

区块链的思想运用在商业上，就是分布式商业，它体现为个人资产的确权化、个人行为资产化、流通的合约智能化这三个方面。我们一直在呼吁要共赢，但在现实中其实没有办法实现，因为主体之间的共识很难达成。没有共识，现实世界的交易就是一个博弈的过程，是一个非此即彼的零和游戏。但区块链世界是一个共赢体系，简单讲就是每个人都可以赚钱，共享的背后是共赢机制。

第一，个人资产确权化。我们看商业模式很重要的一点，是要看项目运营的主体是谁，在区块链项目里，项目运营的主体就是用户、客户之类的个人。

个人主体的权益包含三个，第一是拥有权，比如在现实中我有一套房子，房产证可以证明房子是我的；第二是使用权，比如我签了协议租了房子，我拥有房子的使用权；第三是交易权，房子的价格是由市场决定，但作为房子的主体，我在一定程度上也可以参与定价交易。

在区块链项目中有一个重要的创新，就是个人的 ID 资产可以通过算法被确权。个人账户、数据都是被保护的，如果不被保护就不是个人的资产，所以这点创新非常重要，这能保证你的资产能够在价值网络中流转，你能通过行使资产的拥有权、使用权、交易权去获得收益。

第二，个人行为资产化。互联网的免费思想影响了我们很多年，导致大家非常浮躁，但在区块链世界里，每个行为都可以被定价，因为每个行为都可以被碎片化。你在区块链世界里每做一件事就会被发一个 Token，这些 Token 本身也可以交易，是有价格的。像最早的挖矿,我哪怕在里面算一个数学题也可以得到奖励。你做了贡献就会有回报,这样你越被激励,就会愿意贡献更多。

第三,流通的合约智能化。在贸易流通环节,利用区块链的智能合约技术,你做的每一个承诺都是定死的,可以增加,但不可篡改,并且自动执行。这解决了现实生活中合同或承诺的推诿,大大降低了信任成本,提高了效率,即使是两个陌生人也可以相信这个合约的本身。

我相信真正的共享经济本身就是分布式的,目前的共享经济只是分布式商业的一个过渡,因为它根本不彻底。

第一,它的信任基于平台本身,是中心化的。共享应该是每个人在一个共识之下,通过奖励机制激励大家做出某种行为,但是现在的共享机制本身由中心的机构来设计,而且有些产品,像共享单车,它的拥有权并不是分布式的,说白了就是平台化的分时租赁。

第二,我觉得共享只会出现在个别领域,很多东西在现实世界中是无法做到的,比如共享厨房,我为什么要将我家的厨房共享给一个我无法确定好坏的人?而且共享工具不够标准化,没法统一定价。而像滴滴这样的情况就非常适合共享,因为时间、距离是可量化、标准化的,但它依然逃脱不了平台中心化。

标准化的前提是能够量化。律师和专家没办法做共享的原因,就是他们的能力没有标准来量化,简历可以造假、长相可以整容、言谈举止与业务能力没有必然联系,拿不易评价和定价的东西做共享,效率就会很低。但在区块链世界里,所有东西都是基于数据本身,而数据是天然可以量化的。

比如一个律师,做过多少案子,得到哪些评价,这些数据积累到一定程度,就可以有可量化的影响力指数,这时候再去定价就是合适的。但目前阶段区块链技术还不能够达到这个程度。

从财富角度来看，完全去中心化是无法完全实现的，主要原因有三个：

第一，财富一定是集中的。比如记账是分布式的，三个人都在记账，但并不代表三个人得到的奖励是一样多的。

第二，均分财富是不合理的。当财富分配有落差时才能产生动力，一旦没有价差、势能差或财富差的时候，社群本身就没有动力。

第三，驾驭金钱的能力不是每个人都具备的。不应该让不具备能力的人掌握过多的财富，否则这不仅是资源的浪费，更可能造成社会混乱。所以区块链领域的创业者要去制定良好的共赢机制，规范人们的行为，激励他们做更多贡献、获得更多奖励。

区块链的投资

现在许多投资人都来找我聊天，他们关心的主要有两点：第一，他们希望了解区块链市场；第二，看明白区块链后，要怎么和有限合伙人（LP）沟通，基金如何更合规地进入市场投资，当然他们也希望了解其他的机构怎么运作。

当我们面对一个新事物时，感到恐惧是很正常的，所以不用太过担心。我给他们的建议有三点：第一是多参与；第二是多看白皮书，多和创业者交流；第三是真真正正地用价值投资的理念去关注这件事。

我觉得区块链是一个有门槛的行业，过去这个行业被大量泡沫充斥，而主流投资人和创业者们有一定的行业使命感，他们聪明、认知速度快、执行能力强，再加上有资本支撑，我相信他们的入场能够让这个行业更健康一些。

大多数投资人现在不看白皮书，原因很简单——看不懂。一是因为书中全是概念，二是因为白皮书的撰写逻辑和商业计划书（BP）有很大不同。

但我觉得学习区块链最快的方法还是看白皮书，而不是各种书籍资料，或者听别人讲。因为白皮书呈现了项目、算法、估值、团队，团队的商业思想、逻辑，还有市场情况，如何运用区块链技术和产品解决一个痛点，等等。

白皮书本身是极客们做的小方案，有天然的门槛，看懂它是个技术活。阅读白皮书对于投资人而言有一定优势，但对于大部分散户来说门槛太高，所以散户们并不适合参加私募，他们既没有项目的识别能力又没有一定的风险承受能力，现在市场上90%的项目会垮，最后遭殃的肯定是散户。

疯狂最后一定会带来各种各样的悲伤，甚至带来一些社会性事件，这是规律。它就像击鼓传花一样，最后一定有一批人来承担前面价格推高带来的风险，到时政策一旦一刀切，会给整个行业带来巨大的冲击。而如果有更多人能看懂其中的商业逻辑，市场就不应该是这个样子。

我们做任何事情都是为了解决问题，那首先要去定义问题是什么。比如采访，你们有比较疑惑的问题，而我就是提供答案、产品的人。所以逻辑很简单，这个事情有多大，能不能做出规模化的市场来，判断一个赛道是千亿元规模、百亿元规模，还是处于萌芽期、重构期等，这是我们传统投资的逻辑，现在也可以用在区块链上，因为它总要解决问题，比如产品怎么和区块链技术相结合。

其实很多项目并不适合结合区块链技术，尤其是偏实体类的，很多体验需要在现实中进行。比如吃饭，区块链技术只不过能解决大米的溯源问题；再比如一个杯子，它的运输过程中会掺杂很多人为因素：搬运过程中出现破损，分拣的时候被调换等，这些是物理场景决定的，不是数学算法可以解决的。如果区块链与不适配的项目贸然相加，这就会是个伪命题。

但是那些天然具有数字属性的项目就很适合结合区块链技术，比如金融、版权、直播、游戏等。拿游戏举例，首先游戏是天然的社区，大家组队形成小组织一起去完成任务，这时自主行为就诞生了，大家一起去打怪升级，而升级就是奖励，在升级过程中不断交易，比如购买武器、装备，充值点卡等；其次在游戏里人们能找到共识，一群人一起干一件刺激的事，那种满足感是现实世界中感受不到的，所以玩游戏会成瘾，这是共识的体现。

价值投资在区块链项目上是否依然适用？这是一个选择题。你是选择投机，投短期之内最快开花结果的项目，然后把本金翻几倍快速退出；还是选择长期参与一个有价值的项目，从资本的角度助推区块链行业的发展。

第一种选择要看团队的造势能力、背景、资源，第二种更专注于行业本质和产品。只要我们坚持价值投资，等好的项目产品开发出来，到时候支撑它价值的就不再是市场情绪，而是实在的运营及财务数据。

同时很重要的一点就是还要弄清楚两个思维：现货思维和期货思维。比如我买了一个杯子十块钱，这种现货买卖就是现货思维；再比如另外一个杯子，如果是奢侈品牌的就会很值钱，因为人们对它有期望，这就是期货思维。

品牌就是一种期货，影响力、粉丝效益、信仰、共识都是期货，它是虚无缥渺的，你认它，它就有价值，不认它，它就没有价值。区块链项目现在基本上就是在经营期货，大家担心只看到它在涨，却看不到应用落地，就是因为分不清期货和现货，导致无法解释和阻止这种现象发生。

但期货再厉害，也要依托于实体，所以我们两种思维都应该具备。从价值投资角度来讲，我们关注到期货已经大量存在，就要分配一定思维比例在现货上，回归本质和产品，看它有没有产品样品（DEMO），团队是否匹配，解决了什么问题，有没有做验证，有哪些实在的数据，比如运营数据、财务数据、社区的活跃度、参与人数等的现货型数据。两种思维应该先按一定比例分配，再适当调整，非理性的投资和太过谨慎地对待都是不对的。

当这个市场都疯狂的时候，如果我们保持冷静，我觉得已经是在先行一步了。

陈菜根　天天抖料创始人，知名自媒体人。

2.1 未来的竞争是共识的竞争

■ 朱瑞清（Tripio 联合创始人兼 CTO）

我在中国长大，在美国生活了 15 年，其间主要在亚马逊和微软工作，2014 年回国创业。我创业的第一个项目叫"百场汇"，它是一个场地短租平台，融资已有三轮。在 2017 年年底，我们又孵化了第二个项目"Tripio"，一个基于区块链的去中心化旅行服务平台。所以关于区块链在在线旅行社（Online Travel Agency，OTA）行业的落地应用，我有一些自己的思考。我本身不炒币，看区块链更多是从技术和产品的角度去思考。

总会有一批人相信由算法和算力支持的信任体系

我最初对区块链产生兴趣,是因为区块链本质上代表着一种分布式的信任。要认识它的价值,可以拿它至今最流行的一个应用项目比特币做个初步分析。

在废除了金本位后,今天世界上所有国家的货币,本质上都代表着一种信任。无论你手上持有的是人民币还是美元,它们都代表着各自发行国家的信任体系:如果你相信中国政府会推动货币增值,你就持有人民币;如果你相信美国政府会做货币增值措施,你就持有美元。为什么有人愿意持有比特币?一个重要的原因是有很多人对政府发行的货币并不是那么信任。

政府发行的货币有两个特点。

第一个是货币的超发。基本上各国央行都会超发货币,超发的货币有对货币持有者税收的效果。打个比方,你今天持有一百万元,而整个市场上有一亿元,这时如果央行再发行一亿元,同等条件下你手上的货币的价值就会降低一半。从这个角度上说,发行货币的机构拥有铸币权,它可以选择性地调整其货币持有人所持货币的价值。

比特币在这个维度的特点是它会用固定的算法来决定货币的发行量。比特币持有者不用担心有一个机构说:"对不起,以后比特币总量要翻两倍。"这个世界上总会有一批人去选择相信一个由算法和算力支持的信任体系,假设今天这个群体的比例是1‰,如果明天这个群体的比例变成了1%,该信任体系的价值就会提升。反之,如果明天这个群体消失或变成1‰,它的价值就会降低。

货币的第二个特点是即使在货币供给呈健康增长的情况下,货币持有人也并不按比例享受这个增长所对应的增值。与之相对应,数字货币的增值由货币持有人按比例获得。大多数数字货币可以精确到小数点后 18 位,所以它们可以用降低货币使用单位的方法达成内向增发。简单地说,央行把货币发行量增加一倍,所有增值由发行方获得,而如果是比特币内向增值,每个比特币的价值增长一倍,每个持币人所持有的币值也相应增长一倍。

上文是对数字货币的一些思考,而数字货币是区块链技术的一个应用。下面我们重点讨论区块链项目的内在逻辑。

会有越来越多的人相信去中心化

"Tripio" 从 2017 年八九月份开始思考区块链,2018 年 1 月份决定打造一个基于区块链的旅行服务预定平台,花了两个月时间,算是完成了第一步。

旅游业是一个相当中心化的市场。中心化组织正在获取这个市场上越来越多的价值份额。但在"Tripio"看来,它们并没有很好地提供相应的消费者价值。以订酒店为例:消费者在中国可能会用携程或途牛,在国外也许用缤客(Booking.com)或亿客行(Expedia.cn)。这些公司在交易中获取了 15%～20% 的份额,也就是说,消费者每花出 100 元钱,其中有 15～20 元钱是给了这家公司,剩余的 80～85 元钱才交付到供应商(也就是酒店)手里,然后酒店在这 85 元收入的基础上提供服务。

相信绝大多数消费者都希望把自己支付的钱更有效地传递到供应商手中,这样消费者可以获得更多更好的服务。但是当下消费者不这么做或者说做不到的原因是这些平台确实在一个相对繁杂的市场上提供了一些价值,其中一个核心价值就是作为一个信任平台,它们可以大致确保平台上酒店信息的准确性。消费者也希望在交易过程中出现了纠纷的时候，平台方可以提供一些帮助。我们做这个基于区块链的旅行服务预订平台的初衷是通过区块链技术以更低廉的价格和更高效的机制实现信任背书和争议解决，让消费者有更多的选择和更好的体验。

中心化模式和去中心化模式本身不一定存在对错。哪种模式占主导取决于相信这两种模式的消费者各有多少。我认为，未来会有越来越多的人去相信去中心化模式。区块链技术和应用的突破也许不会在中国出现，但它一定不会忽略中国。当区块链的某个项目或某种模式被一些国家的消费者首先证明价值之后，在规范允许的条件下中国的消费者会迅速跟进。

区块链给予了初创团队验证商业模式的机会

区块链从一开始就是一个国际化的技术和模式。就好像至今我们不能确定比特币发明人中本聪的身份一样，区块链也不在乎自己的使用者是中国人、日本人还是美国人，这个和互联网早期一个不太恰当的"你不知道电脑后面和你交流的是一个人还是一只狗"的比喻很类似。今天区块链上有 4000 多万个数字钱包，我们并不能确切地知道它们背后的拥有者是谁，但我们可以通过一些变化趋势来考察区块链用户数量的增长。市场调查数据显示，2018 年 2 月份韩国的数字货币渗透率是 2%，到了 4 月份这个数字变成了 4%；同时期美国数字货币的整体渗透率也是 2%，但在千禧一代消费者中数字钱包的渗透率是 4%。也就是说，发达国家数字钱包的渗透率在以比较接近的速率增长着。

腾讯、阿里巴巴做区块链项目能否成功？我觉得没有问题，但这些巨头做区块链和初创公司做区块链的目的是不一样的。我在亚马逊和微软工作了很长时间，对于巨头来说，如果某一种技术（或者说工具）的发展和股东利益相违背时，他们是不会投入大量精力的。这种做法在短期内完全正确，因为这符合巨头公司的利益。

前面说过，创业团队和巨头拼后者所擅长的技能是没有前景的，也很难融资。区块链的发展给了初创团队一个在比较早期的阶段就可以获得大量资金到各种场景中验证商业模式的机会，这种新的资本生成的模式本身对商业演化也很有意义。

真正意义上的区块链项目，应该首先由一个团队打造出来，然后这个团队在打造项目的过程中把控制权散发到社区中去。比如比特币，现在并没有个人或团队对其进行中心化控制，而是由整个比特币社区对其进行管理。

打一个比方，一个区块链项目就像是在打造一条高速公路，所有人都可以在这条公路上建超市、饭店和娱乐设施。谁能为消费者提供更好的服务，谁就能获得相应的回报。如果说有家公司因为打造了这条高速公路，就要不停地收高额过路费，这就违背了区块链项目的初衷。

去中心化和中低频交易是衡量目前区块链技术的适用场景的两个要素。假如你去兑换外汇，给对方打款 100 美元并希望拿回 600 元人民币，如果等了半个小时还没有收到打款，你会惴惴不安，因为你的期望是非常高速的交易。但假如你去订酒店，你使用现在的服务本来也需要等二三十分钟，所以你不会对半小时的延时感到特别异样。在这个交易速度上，目前区块链的处理能力是足够的。所以在中低频交易领域，我个人认为交易速度不再是一个特别重要的门槛，尤其是在将很多正在成熟的交易加速技术纳入考虑之中后。

今天的区块链就像 20 世纪 90 年代初的互联网，还有很多需要改善的地方，但它的技术本质没有问题。有人可能会列举出它所面临的一些威胁，比如 51% 攻击、量子计算机可以改变解密速度等，但我相信当这个世界上最聪明的科学家和技术员去完善一套技术体系的时候，这些技术问题都可以找到合适的解决方案。

区块链要解决的是共识问题

区块链要解决的本质问题是共识。大多数区块链项目的成功路径是打造一个足够大的社区对一个应用场景的方案共识。大家需要在社区里讨论这个社区如何管理，管理规则如何建立和完善，出现了分歧该如何解决。比如在酒店预订行业，"是否允许消费者在预订房间之后退房"就是一个规则问题。而社区共识可以是预订之后不可退，也可以是预订后 24 小时之内可以退。这些规则要写到智能合约里，而智能合约的一个重要特点是写完之后不可更改。所以一旦把规则制定下来后，用技术将其实现并不困难，但如何去打造这一共识，则需要花费大量时间和精力。比如"Tripio"的项目是基于以太坊的智能合约开发的，在这个平台上，旅行住宿预订的服务与身份登记系统、支付与交易系统、信用系统、争议解决系统都可以通过智能合约来完成，从而大大减少中间人力服务的成本。但具体如何设置每一个系统里的服务规则，如何让所有"Tripio"用户都信任、认可这些规则，则依然需要"Tirpio"通过长期的社群运营、活动运营来引导大家达成共识。

未来区块链上的竞争，不是资金或市场的竞争，而是共识的竞争。只要有足够多的人相信某个社区或某种社区规则，这个规则就会成长为未来的通用规则。网络效应决定了在各个垂直领域都会出现不超过一个或两个取得规模效应的共识项目，它们将享受区块链变革带来的大部分收益，而区块链项目的一个主要风险也来源于对这些共识的形成进行监管的尺度。如果中国的团队无法在一个领域内建立足够规模的共识社区，就有可能被国外团队率先在这些区域达成共识，然后对中国消费者进行说服和销售。

朱瑞清 Tripio 联合创始人兼 CTO。曾任 Expedia 旗下艺龙旅行网副总裁，Amazon 技术总监。供应链和大数据系统专家，在中美有 16 年软件研发和产品管理经验。

2.2 区块链在金融领域的应用

■ 许进（链极科技联席 CEO）

区块链本质上是一个公共账本。它有三种形式：私有链、联盟链和公有链。私有链比较简单，我重点谈一下联盟链和公有链的区别。联盟链中，身份是公开的，交易则是隐藏的。公有链正好相反，身份是隐藏的，交易则是公开的。

比特币属于公有链——交易者匿名，但交易公开、可审计、可追溯，以此保证交易安全。但匿名带来的一个问题是：由于谁都可以加入，无法避免其被恶意攻击。于是用于提高攻击成本的共识机制应运而生。联盟链则没有这个问题。由于身份公开，交易效率得到提升，而点对点之间交易隐藏，使得联盟链尤其适用于商业场景。

追根溯源：公共账本让供应链问题无处遁形

金融的本质是要实现现金流错配。A 当下有钱而 B 没钱，A 可以通过股权交易或债权交易等两种方式把钱借给 B，但交易过程中有多个环节都容易出现问题，而这些问题均因信息不对称而产生。

首先是身份确认，这个类似于银行里的客户身份验证（Know Your Customer，KYC）；身份确认后，需要了解客户的信用，看看其之前是否有过恶意借贷的经历，还款意愿如何；信用通过验证后，需要客户出具借款凭证，也就是确权；确权结束，通过信用中介进行转账。

以上环节涉及两个方面：一个是信息的交互与共享，如身份确认、征信或清算对账；另一个是交易，如支付与托管。

区块链可以很好地解决信息与交易方面存在的问题。在互联网时代，只拿身份证的照片或复印件未必能证实持有人的身份，但在区块链里就很容易甄别，每个比特币均附有持有人信息；区块链在确权方面的表现也很优秀，相关信息写入后，可以永久保存，任何人都无法篡改，并且处于加密状态；在交易方面，我们现在转账需要经过多家中介，比如支付宝或网银，但在区块链上不需要任何中介，可以实现点对点支付、多方交易、托管乃至自动交易，只需在合约里写清楚即可。

供应链溯源与监管

供应链污染的案例并不少见，这很大程度上是由于供应商管理和控制的不完善。中国的毒奶粉、假疫苗丑闻证明监管部门需要做出改变来严格加强供应链系统控制和提高系统透明度。

供应链有三条流：资金流，包括应收应付账款和运费等；物流，即物品的运输；信息流，比如货物运输途中的实时位置和货物凭证等。假如将这三条流都存入区块链，便可以实现溯源、征信和监管三大功能。

做过物流的人都知道，运输行业通常都有个运输管理系统，包括司机、卡车等租赁信息和货物、温度等物流信息，假如把这些信息实时记在区块链上，那便意味着厂商、收货方乃至消费者均可精确掌握货物的来源与去向。

通过区块链技术，我们每喝一杯鲜牛奶，便可知道它来自哪只奶牛，这只奶牛来自哪个牧场，牧场又将牛奶通过哪家运输公司运到哪家分销商手里，分销商再运到哪家批发商、零售商手里，整个环节的信息都可全程记录，且无法篡改。一旦出现问题，通过区块链我们可以很方便地进行溯源与追责。

商品的溯源并不是以商品销售的完成而结束，商品的持有和转让信息也可以入链。在二手球鞋交易里，通过区块链技术，也可以增加货品的信用。球鞋定价通常不菲，厂商经常推出限量版，进行饥饿营销，从而造成部分球鞋品牌在二手市场很受欢迎，也催生出了制假产业。假如用了区块链技术，消费者便可知晓这双鞋在流通领域购买与持有的信息，从而确保了这双鞋的价值。

利用区块链的不可篡改等技术特性，可以提供随时可验的物流记录，方便监管部门进行货物的物流监管。监管机构只需在区块链上增加一个节点，区块链上的所有信息都会及时反馈给监管部门，这在危险品运输及食品安全领域尤其重要。

物流供应链金融

据国内专业机构估算，物流业仅运费垫资一项，每年就存在约6000亿元的融资需求，但这约6000亿元的融资需求中，只有不到5%是通过银行贷款方式获得的。区块链技术可以帮助企业记录物流、仓单等运营信息。金融机构通过查询贷款企业的相关信息，便可大幅度减少信息搜集成本，从根本上转变因信息不透明而导致的物流行业中小微企业融资难问题。

仓单融资

仓储里面主要是存货，存货属于动产。中国的不动产融资（如房产抵押）现在已经慢慢发展起来了，但在动产融资方面还远远落后于美国，原因在于中国人太过"聪明"，同样一批货，物流企业可以将其在多个仓库里进行空转，然后拿着这些虚假仓单找银行融资，欺骗的次数多了，银行也就不会上当了。假如将存货仓储信息写入区块链，银行拿到的仓单便是实实在在的仓单和存货，对于企业来说，再融资就方便多了。

监管利剑：区块链成为政府协同工作的法宝

我们和地方上很多金融服务办公室（后简称"金融办"）对接过，我们发现，所有金融办都有四个需求：

第一个是数据真实性。金融办要求对所有交易实现"区块链存证"，数据不可篡改，确保数据真实性。

第二个是科学系统管理。金融办要求辖区内所有的互联网金融公司和平台均需接入监管系统，实现所有监管的网络化、系统化、科学化。

第三个是事前管控预警。金融办要求将根据系统获取的数据，应用各类模型进行大数据分析，发现隐患，提前预警。

第四个是数据永久性。金融办要求数据在区块链永久保存,防范风险发生后的"查无对证""砸电脑,毁灭证据"事件。

除了地方政府金融服务办公室和中国银行业监督管理委员会,公安机关与其他政府部门均可在区块链上进行工作协同,各部门数据均可通过区块链中联盟链的方式便捷安全地共享。各参与方在各节点通过 API 将各种数据实时写入区块链并广播到全网各个节点,各节点实时了解被监管机构的业务情况,同时根据预警模型实时通报相关负责人。

区块链监管和传统集中式监管相比,在数据方面优势明显。

在数据组织环节,由于传统监管是自行构建交易数据,所以存在数据伪造和篡改的可能,而区块链交易数据采用块状连接,按照可追溯、可审查的方式组织,无法伪造与篡改。

在数据存储环节,传统监管由平台自行存储交易数据,监管机构无法掌握数据全貌,甚至可能出现砸电脑等恶意破坏数据的极端行为,区块链由于其天生的分布式存储特性,监管机构极易掌握全量数据,并且各节点均留存全量备份,数据不会丢失。

在数据安全方面,传统监管由于缺乏统一安全机制,各平台安全措施参差不齐,存在内部极易泄露用户数据隐私的问题,而利用区块链技术,监管机构可以制定统一的数据安全方案,提升平台整体安全管理水平,监管平台可以制定完善的用户数据访问控制方案,实现只在充分授权的情况下才能访问用户数据,保护用户隐私。

在数据上报方面,传统上报周期很长,一周一报甚至一月一报,而区块链可以实现实时汇报,这样信息颗粒度更细,作假成本更高。

在数据聚合方面,传统监管机构数据之间相互没有联系,跨平台监管措施很难制订和落实到位，而区块链监管通过汇聚平台信息，可以统计同一融资人的所有融资行为，从而杜绝恶意融资和重复融资行为的发生。

许进 链极科技联席 CEO。拥有清华大学经济管理、计算机双学位，美国得克萨斯大学金融学博士。

2.3 区块链与新金融变革

■ 庞引明（链极科技董事长兼总裁）

我是 IT 专业出身，先后在金融业和房地产行业工作，2015 年开始关注区块链。我认为目前国内金融科技环境还存在较大的改善空间，如果不及时解决，我们的金融科技很有可能会发展成为"另类"，将来和国外接轨时就有可能面临被迫"推倒重来"的局面。

金融发展已经走到变革的前夜

金融原本是一个很简单的概念，你有钱，我需要钱，我们之间就可以进行金融交易。但是现在大家都被"大山"阻挡了，曼哈顿的金融中心是"大山"，陆家嘴的各大金融机构也是"大山"。

举个例子，某家银行得知一些富人的身份以后，会将其定位成高端客户，表示愿意提供永久服务。银行从自身利益出发，往往会遵循"二八定律"，即银行更愿意为前 20% 的客户服务，因为这些客户能够带来更大的利益。

再举一个例子，一家金融机构，面对回报率 5% 的实体经济和回报率 7% 的基金产品，它会如何选择？它一定会选择回报率更高的基金产品，从而导致大笔的资金流入金融市场，同时把资金成本炒得越来越高，造成实体经济的空虚。在东南沿海地区，有些实体企业就是因为拿不到钱而最终垮掉了。

金融机构的本质是中介，曼哈顿、陆家嘴都是在中介基础上发展而来的。现在金融机构把自己当成企业发展，以赚更多钱为目的，都去服务前 20% 的人了，剩下 80% 的普通百姓怎么办，谁向他们提供服务呢？

为什么我国的 P2P 行业这么发达？因为小微企业、创业企业往往会面临融资难的情况，无资金、无信用、无抵押，银行不愿意给这些企业提供贷款。普通人想要从银行借几万块钱同样很困难，他们只能去找 P2P 公司。所以现在的金融体系若想更惠及普通百姓，金融体系改革迫在眉睫。

单纯依靠行政手段已经难以改变当前的金融体系。供给侧结构性改革就是要改变这种状况，但这是一个漫长的过程，不可能迅速完成。中国有几十万亿人民币的钱放在楼市里，今后房地产公司肯定要走证券化道路。这是一把双刃剑，就如同把昆仑山上的冰全部解冻，虽然能够解决西部地区缺水的问题，但很可能让东部地区变成一片泽国。2008 年美国次贷危机就是房地产证券化失控导致的。但我们依然要走下去，因为现在国内生产总值（GDP）增速在下滑，如果下滑到 5%，很可能还需要房地产行业把 GDP 撑起来，把楼市里的几十万亿元资金用起来。

我一直在倡导"新金融变革"。什么是"新金融变革"？首先大家要认识到互联网金融就是金融，它代表着未来金融发展的方向。其次，现在的金融机构只服务于少部分人，金融体系本身存在问题，这不仅是中国的问题,也是全球的问题,人类的智慧只能让金融体系发展成为现在这种样子,所以我们需要变革。

区块链能够解决金融变革中的一部分问题

我认为面对目前的金融状况,区块链至少能解决一部分问题。

陆家嘴大概有1000多家资产管理公司,这些公司每天晚上都要对账,今天公司买卖了多少股票,在银行和基金公司都有记录,再加上资产管理公司自身的记录,每晚都有三笔账要核对,工作量非常大。基金公司每晚的工作流程是财务会计(FI)先计算,把三笔账目对平,之后工作交接给注册登记员(TA),计算基金公司当天购买的股票数量,涨跌情况。

我曾经经历过一次重大失误。凌晨两点钟,员工发现账目错了。公司70%的产品都托管在一家银行,当晚银行挂了一个空单,Excel表给出的数字都是零,基金公司所有的交易都导到了这个Excel表里,结果全是零。账目出问题了,公司被迫把所有人都召回上班,赶在早上八点前把账目重新算完,如果八点前算不完,第二天交易所就要关门。

这种问题的根源是一种中心化的工作模式。各个公司日复一日年复一年地按照这种模式工作,每天不能出任何问题,中国人的勤奋在维持这种模式的运转,但谁能保证肯定不会出事呢?我们现有的技术和业务已经无法承受这种模式的重量了。而区块链的去中心化特点正好可以解决这个问题,说得更远一点,如果采用了区块链技术,这些需要对账的公司至少可以提前一小时下班,甚至整个陆家嘴的用电量也会随之减小。所以一定要进行技术变革,而且现在时机已经到了。

资本助力区块链，将让金融更普惠

现在中国的 ICO 市场被关掉了，而在国外，ICO 是一级市场，能赚到暴利。一级市场做得好，二级市场可以继续做，把一二级市场打通的话可以赚两笔钱，是一个非常好的盈利模式。现在日本、澳大利亚都开放了 ICO，我们却关闭了。如果未来 ICO 颠覆了美元，人民币还能实现国际化吗？这是一个非常值得思考的问题。国外在解决这个问题，我们也应该进行前瞻性地思考。

区块链技术本身有没有问题？肯定有。任何技术问题都需要靠业务应用、实践来发现。区块链平台也应该不断反思自己是否足够强大，能否应对一切场景。

目前区块链技术中，分布式数据库处理的解决办法还不完善。现有的冯诺依曼体系架构与分布式处理之间还是有矛盾的，简单说就是目的和手段之间的矛盾。所以技术上的问题还需要不断解决。

我最担心的是区块链技术因为缺乏资本的支持而无法完善与进步，被"缺钱"扼杀的行业太多了。区块链技术不是独一无二的，很多问题不用区块链技术也能解决。有人说区块链的加密技术不会被破解，其实不然，只要算力足够，区块链的加密技术同样有被破解的可能，这就意味着区块链技术也要不断进步。

现在是投资区块链的好时机，但是什么时候能赚钱这件事是不确定的。如果资本愿意进来协助，与企业共同往前走，让企业解决这些问题，把技术格局做大，未来才有双方共同壮大、成就共赢的机会。

我们应该借助区块链技术，打破现在金融等级分化严重的局面，让金融变得更便利、更普惠,让人类生活变得更美好,让 100% 的人都得到服务。

庞引明　链极科技董事长兼总裁。拥有复旦大学计算机软件与理论专业博士学位,担任上海市互联网金融行业协会理事等重要职位。先后在外企 SYBASE,及东海证券、东海基金、绿地集团等国内大型公司任高管职位。

2.4　区块链技术尚未达到商业化成熟阶段
■ 方汉(昆仑万维联合创始人)

我在互联网领域工作了 24 年,对领域内的技术和商业模式非常感兴趣,下面主要做一个基于以太坊的商业模式探讨。

以太坊最大的商业模式就是 ICO

以太坊是一个开源的有智能合约功能的公共区块链平台。其创始人 Vitalik 原本是一个游戏玩家,由于暴雪取消了魔兽世界里 Vitalik 最喜欢的游戏技能,令他十分气愤,一怒之下就不玩了,随后开始接触比特币,并自行创办了以太坊。

智能合约是以太坊最重要的发明。智能合约可以让众多组织的数据库得以用低廉的成本交互,并且让用户写下精密的合约,功能之一是产生去中心化的自治组织,也就是一间只是由以太坊合约构成的虚拟公司。智能合约最重要的作用就是能够获取所有人的信任,因为合约内容公开,这可以证明其宣称的功能是真实的。

目前几乎所有 ICO 都基于以太坊,因为发币过程非常简单,想发币的组织只需要下载一个软件,20 分钟之内就可以发出自己的代币。因此，以太坊最大的商业模式就是ICO，它开启了ICO风起云涌的局面。

除了ICO之外，还有一些基于以太坊的项目不断出现。国外基于以太坊的知名项目有很多，我列举了一些，具体如下。

The DAO：去中心化创业投资项目。The DAO由以太币资金创立，目标是为企业和非营利性机构创建新的去中心化营业模式。

The Rudimental：让独立艺术家在区块链上进行群众筹资。

Backfeed：社会经济平台。

Augus：去中心化预测市场。

Ethcore：以太坊公司，研发客户端。

Chronicled：区块链公司，发表了以太坊区块链的实物资产验证平台，芯片公司、物理IP创建者和生产者可以用蓝牙或近场通信进行验证。Slock.It开发的智能锁可以在付费后自动打开，可以让用户在付费后帮电动车充电，或是打开租屋的房门。

FreeMyVunk：虚拟宝物交易平台。

Ujo Music：版权授权平台，让创作人用智能合约发布音乐，消费者可以直接付费给创作人。

TransActive Grid：智能电网，可以让用户和邻居买卖能源。

Etheropt：去中心化期权市场。

DigixDAO：提供与黄金挂钩的代币。

Decentralized Capital：提供和各种货币挂钩的代币。

Everex：移动支付平台，让外籍劳工汇款回家乡。比如一些到南非打工的津巴布韦劳工，他们汇款回家需要交纳20%的手续费，并且速度很慢，这个支付平台就能够解决这个痛点。

公正、透明、自动、直接是以太坊智能合约的特点

以太坊智能合约有四个最重要的特点。

第一个特点是公正。任何组织形式都有可能腐化。过去一段时间Facebook遭遇了很大危机，它在美国大选前刊登了政治性广告，影响了美国人民的判断。Facebook为此事付出了很大代价，以前新闻媒体50%的流量来自于Facebook，而现在这一数字降低到了20%。算法是不会欺骗人的，只要能够理解它，同一个算法会对所有人一视同仁，所以非常公正。

第二个特点是透明。所有在以太坊上执行的VM伪代码，都可以被"反编译"，由于代码对所有人而言都是透明的，所以即使有漏洞（BUG），也不会影响代码的执行。

第三个特点是自动。只要把代码提交上去，支付了以太坊在其上进行交易的费用（GAS费用），就会有矿工替你打包、执行。所有东西都是自动化进行的，效率非常高。

第四个特点是直接。大家可以在以太坊上把任何一个行为或创意直接兑换成以太币，由于以太币是一个值钱的东西，你的行为和创意就等于可以直接换钱，于是ICO就此产生。以前大家通过首次公开募股（Initial Public Offering，IPO）募钱，要经过证监会审核，程序烦琐，耗费大量时间，而利用ICO募钱只需要几个月甚至几天时间。所以在以太坊提供了适当工具以后，ICO变得极为活跃。ICO在公正和透明方面做得并不好，但是由于它能够直接带来高收益，所以目前发展得很好。虽然ICO现在不受监管，正在野蛮生长，但从长期来看，它必然会受到监管，从而变成一个正常有序的事情。

以太坊项目多集中于游戏、金融等领域

我把在以太坊上登记的 1100 余个应用进行了关键词抓取和统计，做了一个权重排行榜，图 2-1 中字体越大的单词，涉及的项目就越多。

图 2-1

目前这 1100 余个项目中仅有 400 个处于存活状态，其余项目都如空气一样虚无缥缈。

通过统计我们可以发现，以太坊项目中的第一大类是游戏，游戏项目比金融项目还要多，其中最著名的游戏叫"以太猫"，一款猫咪养成游戏，它的火爆意味着游戏会是以太坊发展的一个方向。除了游戏之外，金融、社交等领域的项目也非常多。

游戏为什么会成为以太坊发展的一个重要方向？因为游戏业是最早发行代币的行业。全球最大的 PC 游戏平台 Steam 就有一种代币，玩家可以通过这种代币买卖游戏里的装备。中国的联众游戏发行过一

种名为"联众豆"的代币，代币本身没有任何价值，但仍旧有人购买，还有一群币商在场外交易联众豆。

现在全世界所有在线德州扑克游戏，基本都会发行自己的代币，利用币商将抽水出来的代币换成钱，所以游戏业与代币有天然结合。但是游戏业代币有一个问题，凡是游戏代币会要有一个币商的角色，币商将代币换成人民币，这个过程中就会存在利差问题以及操作不透明的情况。

以太坊出现之后，游戏代币可以通过以太坊来变现，游戏玩家付钱和挣钱会变得更直接。我认为以太币首先会进入战争策略类游戏，如果大家在游戏里比拼的是真钱，那么游戏的刺激程度和信任度会更高。其次是模拟经营类游戏，比如大富翁，以前这些游戏里用的都是游戏币，如果未来使用以太币，肯定会吸引更多人。还有刷子游戏，精灵宝可梦 Go（Pokemon Go，一款对现实世界中出现的动漫宠物进行探索捕捉、战斗以及交换的游戏）可以到处刷宠物，不过没有办法买卖，如果玩家刷到宠物后可以买卖，那么这款游戏会比以太猫好玩，以太猫只能观赏，而 Pokemon Go 里的宠物可以打架。所以战争策略类、模拟经营类游戏和刷子游戏会成为以太币兴起的游戏类型，而以太猫只是一个炒作标的，它代表着游戏业的兴起。

基于以太坊的商业模式里一定会兴起一个类似于支付宝的金融项目，在移动端、电脑网页（Web）端等所有端上，支付手段是非常重要的。

C2B2C 撮合模式将会流行

市场上的项目有 To B 的，也有 To C 的，但历史的长河告诉我们，超级独角兽都产生于 To C 项目中。

最近大家看到的比较红的企业，如优步、爱彼迎（Airbnb）等，都是"消费者–商家平台–消费者"，即"Consumer To Business To Consumer"模式，简称"C2B2C 撮合"模式，这是我自创的说法。这一模式一定会演化成为"消费者–区块链–消费者"，即"Consumer To Blockchain To Consumer"模式。为什么？举个例子，网约车刚出现时大家得到了很多优惠，都很开心，后来大家越来越不开心，因为撮合出租车与乘客交易的费用越来越高，打车越来越贵、越来越难了。在东北部分地区，人们习惯于用微信群叫车，因为这种方式下的撮合交易费用更低，这就是一个典型的区块链应用，群众不在意用网约车还是用区块链叫车，谁便宜就用谁。

任何事情一旦出现垄断就必然腐化，所以"Consumer To Blockchain To Consumer"这种借助于区块链去中心化特点的模式，一定会在降低撮合交易费用上起到极大作用，而且公正透明的特点会给众多中小型企业提供更多机会。"Consumer To Blockchain To Consumer"模式下不会出现像爱彼迎或者像优步一样的巨头企业，但很有可能出现一大堆松散的小企业。

现在美国已经出现了利用区块链技术抢占爱彼迎业务的项目，目的是将其取而代之，我认为这个方向最终会产生一个超级独角兽。

区块链还需三至五年时间才能进入商业化成熟阶段

区块链就是 1998 年的互联网。当时大家都知道互联网是好东西，个人要上网、企业要上网、政府要上网，但互联网在那时并不值钱，甚至一度要垮掉，直到中国移动推出了服务供应商（Service

Provider，SP）业务，才挽救了互联网市场。后来盛大、九城等游戏公司的出现让大家认识到原来网游是可以赚钱的，随后各大互联网公司如腾讯、网易等都开始做网游，阿里巴巴、京东则依靠电商赚钱，最近几年移动互联网、P2P等新领域也不断涌现。

区块链技术至少还需 3～5 年时间才能进入商业化成熟阶段，现在的区块链应用还处在过于早期的阶段，开发环境也不完善。这里有一个历史案例，1994 年我进入互联网领域工作，2000 年加入了一家美国互联网公司，主要做开源软件。我当时也信奉开源软件，跟大家现在信奉比特币、区块链一样，觉得开源软件为人类谋福利，肯定会"一统人类世界"。当时开源软件受到很大关注，相关的讲座、论坛非常多，但是后来存活下来的主营开源软件技术架构的公司非常少，很多公司都因没能挣到钱而倒闭。现在所有独角兽企业，比如 Facebook、爱彼迎、谷歌等在没有开源软件的帮助下绝对不可能发展这么快。所以开源软件本身不挣钱，但是它引发的商业模式变革带来了赚钱机会。同样，我觉得区块链技术不能赚钱，尤其是做区块链、联盟链、超级账本以及做区块链基础建设的公司，很难实现可观盈利，比如现在非常火的星际文件系统（Inter Planetary File System，IPFS）项目和 IOTA，它们未来的商业价值在哪里？它们可能会成为一个巨大的平台，通过平台赚钱。互联网经过这么多年发展之后，大家发现通过平台盈利的模式比较成熟，腾讯、阿里巴巴等公司的兴起是最好的证明。如果区块链基础架构能够把项目的社群给做得极大，并且做成平台化是有可能赚到钱的。

区块链技术同 To B 项目结合，肯定能挣到钱，但是它的商业价值或者市场总额不会特别大，最终的超级独角兽肯定出在把区块链技术应用在 To C 领域的公司里，这样公司的估值也会达到最高。

最终在中国有实力做私链的只有巨头，诸如腾讯、阿里巴巴等大公司，他们的动作会很慢，但是其他公司没办法与其竞争。

平台可能还在变化，而以太坊抢占了先机，虽然还有诸多技术上的问题，但是它的用户群体非常庞大，只要用户群体足够大，以太坊就肯定会笑到最后。

方汉　昆仑万维副总裁、联合创始人、CTO，中文 Linux 创始人之一。先后领导开发国内运营时间最长、市场占有率最高的策略类网页游戏《三国风云》和国内一流的 RPG 类网页游戏《武侠风云》。

2.5　价值投资是区块链投资的根本
■ 李晓燕（鼎萃投资创始合伙人）

如果说做早期投资的人始终处于认知被不断刷新的状态，2018 年无疑是刷新最快的一年。我和小伙伴们聊天，大家经常会说昨晚又失眠了，感觉自己在某件事情上的操作不太对，为什么看好了却没有及时行动。数字货币市场为何会这么火？比特币价格不断攀升的背后逻辑是什么？这些都是我们一直想去探究的，或者说想用物理中的"第一性原理"挖出的事物本质。

天使投资常常被人认为是风险较大的投资，鼎萃投资在投区块链项目的领域属于进入较早的机构，投资额也相对较多。尽管市场正处于疯狂之中，但我们心里有底，鼎萃投资的项目是以技术为驱动的、有开发能力的团队进行的场景应用项目。

面对区块链，通常有三类人、三种态度。

第一类人深入研究过区块链技术，认为区块链技术与以前的技术完全不同，具有颠覆性，这会让他感到兴奋，甚至会兴奋得睡不着觉；第二类人则对区块链持完全反对态度，认为它是骗局，区块链里所有的东西都太天真了；第三类人认为区块链还很遥远，与自己关联不大，属于未来范畴里的事情。

这很像是我们在 1995 年、1996 年和 1997 年接触互联网时的态度，或者是 2014 年、2015 年移动互联网爆发时的态度。变化一直都是渐进式的，很多概念在出现初期就已经有很多人说过，但是相信的人或者能听懂的人并不多，只有当它发展到一定阶段，量的积累引发了质的变化时，人们才忽然发现变化似乎是一夜之间发生的，但其实变化一直在渐进发展。人们都是在过程中逐渐被影响的。对于做早期投资的人来说，他们愿意去尝试新事物和新概念，愿意把原本认为是需要中心化的东西和人与人之间的信任托付给区块链系统来处理。

价值的本质是共识

最近不停有人预测比特币未来的价格，认为比特币可以涨到 30 万美金每枚甚至 100 万美金每枚，为什么他们这么看好比特币的价值？不排除有人在炒比特币，但比特币的持有者中还是有一部分人是真正认可中本聪的比特币的，他们是"原教旨主义者"。"原教旨主义者"们认为区块链技术就是实现平等世界的钥匙，而比特币作为第一个区块链应用，具有标志性的意义。比特币和区块链的价值，本质上属于一种共识，这种共识创造了流动性，流动性反过来又作用于这种共识。

鼎萃投资做早期投资时，一直抱着成就别人、成就自己的心态。鼎萃投资投的很多 ICO 项目，绝大部分是我们几年前在天使投资阶段进入的股权投资项目，这些项目已经有了大量的用户积累，并验证了自己的商业模式。鼎萃投资主要还是看项目团队的技术实力和社区运营能力。鼎萃投资认为区块链要想达到在应用层面上的成熟还需要走很长的一段路，也许要四年，也许要五年，我甚至认为时间可能要更长。区块链的各种应用需要多方面的联动，比如大数据和人工智能，大数据是人工智能和区块链的源头，只有将大数据和人工智能放到区块链里面，我们才能看到一些颠覆性的应用被普及，而在此之前做的很多事情都是铺垫。

区块链能做什么

我们正在进入数字财富时代，未来我们最大的资产是数字资产。以前每个人通过较单一的劳动产生报酬，未来每个人的一言一行、一举一动都会是资产，并有定价。

代币在区块链产业中到底是什么？它主要是区块链经济活动中的重要载体，对各个参与方进行激励，同时创造、提供流动性。流动性主要体现在资产代币化、信用代币化和预期代币化上。所谓资产代币化上，简单说就是将自己的有形资产和无形资产变成一种代币来流通，信用代币化也比较好理解，人与人之间的信用通过区块链技术实现不可篡改的、所有节点之间的传播。比如说我以自己的名义发起一个"晓燕币"，通过我的信用为借贷、交易背书，一旦我出现违约等行为，会对我的整体信用有很大影响。

再说一下预期代币化。作为早期投资机构，ICO投资对鼎萃投资的冲击还是非常大的。以前鼎萃投资看项目，会花时间做行业研究，邀请专家做访谈，做项目尽职调查，精挑细选，然后再和团队谈估值。基本上鼎萃投资对每个项目估值都有个相对理性的判断。但到了2017年的六七月，我们发现ICO项目融资速度变得飞快，最夸张的一个例子是 35 秒融资了两亿美金，项目的估值也让我们很震撼。很多 ICO 项目不接受股权投资，而是建议鼎萃投资持有他们的代币产品，也就是说，将鼎萃投资对于项目的预期以代币的方式存在。在 ICO 项目投资上，项目估值、融资速度和投资方式等都发生了与传统方式差别巨大的变化。

区块链实现了由技术提供的"契约精神"，系统自动履约。目前整个社会的信用体系虽然也是基于各种各样的共识、规则和契约运行的，但是总有人破坏规则或拒绝履约。基于区块链的智能合约是由代码进行定义和自动执行的，无须信任基础，不能篡改和干预，无须中心化机构仲裁。在区块链的世界里，代码即法律，Code is law。

连接是生态化学反应的基础。私钥、公钥的非对称加密机制，可以让所有信息孤岛连通。互联网仅仅建立了物理连接，区块链则在更高纬度上连接了信任。

区块链还带来了组织协作效率的提升以及生态内价值交换效率的提升，区块链技术能够从根本上成为让组织形态之间减少摩擦并且提高效率的新方案。

区块链是认知革命

我们这些做早期投资的人，每天都处在焦虑之中。我们能很早地看到行业的一些变化，但又担心自己因跟不上变化而被抛弃，很没有安全感。

2014 年 7 月，PreAngle 想用 20 万元股权投资给"小蚁币"（NEO）。但对方说，他们不打算稀释股权，但他们可以给小蚁币。那个时候很多人对区块链和数字货币并不十分了解，包括 PreAngle，但

PreAngle 认为这个方向很有意思，团队也不错，可以尝试一下，就以每枚 0.1 元的价格，用 20 万元人民币换了 200 万枚小蚁币。

让人比较遗憾的是，2017 年年初，小蚁币涨到每枚 1.5 元，PreAngle 认为两年半时间内涨了 15 倍，已经是很好的投资了，这时项目团队内部发生了很多变化，PreAngle 感觉很多事情都看不清楚，于是就把 200 万枚小蚁币全抛售了，套现 300 万元人民币。结果在 2017 年 7 月份，小蚁币涨到每枚 344 元，也就是说，PreAngel 与 6.88 亿元人民币擦肩而过。如果投资者在新的认知没有完全形成，或认知维度没有升级时，用惯有的方式去判断未来的事物，一定会错失良机。

尽管 ICO 一度火得让人震惊，但鼎萃投资一样坚持传统的股权投资原则，只投资真正有实力的团队和底层架构开发与有价值的应用相结合的项目。鼎萃投资希望越来越多的人能够首先认同区块链这个技术，然后再在鱼龙混杂的项目里发现真正的珍珠。

做了这么多年投资，我的一个体会就是：认知差异造成了人和人之间的差距，认知也是能否抓住价值投资机会最关键的本质。

李晓燕　鼎萃投资创始合伙人。北京大学国家发展研究院硕士，并被北京大学国家发展研究院聘为国际 MBA 首批导师，多次受邀在创业项目大赛上担任点评嘉宾以及电视节目录制，十余年私募股权投资经验。

2.6　2018 年前后，我眼中的区块链之变

■ 王西（Ecom 创始人）

我曾在 2013 年与数字货币结缘，当时以每枚 20 元人民币的价格买了一些比特币，在价格涨到每枚 80 美元的时候卖出了，之后没有继续在币圈深耕。

九四风暴[○]之后我开始接触区块链，考察市场时，几乎所有人都在跟我说："别问了，赶快上车吧。"在 2018 年之前，区块链项目是飘在天上的，看不到摸不着，大家给你解释都耽误赚钱。于是我搭上了末班车，投资了一些熟人做的项目。

然而春季之后情况发生了变化，大部分项目在上交易所时赶上了币圈"破发"浪潮，绝大多数币种都遭遇价格大幅下跌，所幸当时我们的币逆势上涨，获得了不错的收益。当我在朋友圈分享喜悦的心情时，收到的却是一些误解式的评论，让我压力骤增。

作为项目方，我的项目在交易所发币后，自然希望广大用户来踊跃购买。但炒币的泡沫肯定会破裂，所以我更希望大家能够关注项目本身。项目能解决实际问题，用户才能长期持有我们的币，币价才可能涨得更多。然而，大部分用户并不关心项目的开发程度和技术水平，每天讨论的依旧是币价的涨跌情况，整个区块链领域也是如此，大部分人对区块链的认知只停留在炒币，大家最关心的是币价，而不是项目本身的应用。

去中心化跑不通

2018 年春节以前，几乎所有区块链项目做宣传时，都会把自己描述成"去中心化的 XXX"。这些项目追求去中心化的理由也都大同小异——互联网巨头们都太贪婪了，我们要把他们打倒。

大家都觉得区块链可以改变世界、改变行业，要用区块链去逐

○ 2017 年 9 月 4 日，由中国人民银行和中国证券监督管理委员会等 7 个部委及单位联合发布《关于防范代币发行融资风险公告》，禁止包括 ICO 在内的代币在中国发行融资。

梦，最终目的是要从巨头碗里分一杯羹。但是去中心化这件事并不靠谱，很难跑通。目前唯一去中心化的应用只有一个：比特币。可换个角度想，如果比特币的算力有超过50%的部分在同一个机构的控制下，那这个去中心化其实也不成立。

现在所有互联网创业者都需要用"云"，不论是用腾讯云、阿里云，还是用亚马逊云，都会在无形之中带着中心化的标签。很多大佬聊起比特币起源时总会讲一个用石头记账的部落故事，故事里形象地描绘了分布式记账的特点。然而很多人似乎忘记了，部落里有酋长，有能够做出最终决定的人。区块链创业者可以把白皮书写得感性一些，但当投资者接触他们的技术和产品时就会发现，项目最终还是由用户买单，有人使用，项目才有价值。只要有用户存在，就意味着要有一个中心化的、专业的团队持续提供服务，所以去中心化这件事短期内很难实现，但弱中心化是有可能实现的。

这个行业只剩创业者了，得挤"空气"

现在区块链行业有很大的"空气"成分，以太坊上的400个应用只有200个具有活跃性，即使具有活跃性，也不代表项目能良性发展下去，这个行业需要挤"空气"。

相信接触区块链行业的投资人都读过项目白皮书，几乎所有项目都会在白皮书里将落地时间拉长，要一年甚至两年才能落地，为什么？因为项目方需要更多时间讲故事，需要更多时间渗透到底层人群，让大家来买币、接盘。实际上，一个能够被大规模使用的应用，通常只需一个20人的成熟团队和两个月左右的时间就可以完成初版上线测试了。

好听的故事让你无法判断项目的锚定价值，更无法判断币的实际价值。可飞机总要降落，故事总要有结局，而故事结局后留给投资者的只是一个无用的产品，哪怕是装着火星空气的玻璃瓶也只是一个没有流通溢价的摆设。

去空气是件好事。现在散户们都开始离场，概念炒得过热以至于连广大群众都不相信区块链了。这个行业只剩创业者了，大家就安心干活，好好做项目吧。

想挤出"空气"必须重视"用户的感知"。用户对区块链的感知除了炒币以外还应该包括产品落地、产品的真正使用、产品感知。

区块链同样要拼商业模式的创新，因为拼资源已经拼不过巨头了。区块链创业者首先要考虑的是项目解决了用户的什么问题、什么痛点，创造了什么新价值。只有产品真正触达到用户，让生活更方便、更美好，并且让大家感受到了区块链技术带来的价值，区块链创业者才能重获支持，才能挤出"空气"。

概念优势不再，区块链项目回归价值投资

进入狗年之后，区块链项目融资变得越发困难，原因有两点：第一，故事不好讲了，投资机构不信了，大家都回归理性；第二，散户的可支配资产已经在之前的炒币过程中被消耗掉了。

市场繁荣时，项目方赚散户的钱，市场萧条时，项目方赚机构的钱。当前的市场环境倒逼项目方只能去寻找坚持价值投资的机构，于是靠谱与不靠谱的项目都暴露出来了。投资机构也开始意识到，区块链公司和传统行业公司走向成熟需要的时间是一样长的，很难在这一领域赚快钱，想赚钱只能发掘真正靠谱的项目，而并不是有了区块

链，项目成功的时间就能缩短。

在拥有庞大人口基数的中国，一个只有十几万或几十万位用户的区块链项目并没有太大的价值。最后投资机构还是得从场景、运营、团队、解决痛点、市场规模、财务模型等传统指标着手考察项目。

王西 Ecom 创始人，摩托邦创始人，会员制电商"达令"联合创始人。连续创业者，拥有五年社区社交、11 年电商创业经验。

第 3 章 医疗重构

3.0 医疗投资：行业重构与创新驱动

■ 郑玉芬（约印医疗基金创始人）

在过去十年中，中国人均医疗支出持续高速增长，2005 年国内人均医疗费用为 662.3 元，2015 年人均支出达 2952 元，平均年复合增长率高达 20%；中国医疗卫生支出增长空间大，2015 年中国卫生支出占 GDP 比重 5.89%，发达国家如美国为 18%、英国为 12%；中国医疗卫生行业供需矛盾突出，2015 年卫生人员的增速 4.5%，远低于医疗市场规模的增速。

医疗健康领域的投资机会：结构性改革、政策红利、技术进步

追求服务体验的中产阶级对于医疗的迫切需求和优质医疗资源供给不足之间的矛盾，是我国医疗行业现阶段的主要矛盾。

医疗行业的"供给侧结构性改革"致力于提高医疗服务的效率与质量，国家通过政策调控优化医疗资源配置，如分级诊疗、医疗区域联合体（后简称"医联体"）建设、鼓励社会资本办医等；医院通过

新技术应用提高医疗服务的效率，如"医疗+人工智能"等；技术进步也为疾病的诊疗带来新的希望，如基因检测、细胞免疫治疗等。

约印医疗基金重点关注由主要矛盾所驱动的结构性改革、政策红利以及技术进步带来的投资机会。

医疗服务：医疗体制深度改革将重构利益相关方

近年来，随着医疗体制的深化改革，多元化办医格局已初步形成，我国社会资本建立的医疗机构迎来了差异化发展的机会，正在发生从"量变"到"质变"的转型。优质的民营专科及有品牌的综合性医院是稀缺标的。基于此，约印医疗基金已在和天医管、美尔目眼科连锁等特色连锁医院布局。

在政策层面，国家相继批准医学影像诊断中心、医学检验实验室、血液净化机构、病理诊断中心、康复医疗中心、护理中心、消毒供应中心、健康体检中心、中小型眼科医院等第三方医疗机构的设立，促进资源集中，实现区域资源共享，推动健康服务业新业态发展。例如开普第三方影像连锁集团便是应政策而生。

另外"医疗+人工智能"、多元化支付等领域也蕴藏着巨大的投资机会。

生物技术：将迎来投资热潮的下一个国家产业支柱

生命科学是国家重大新兴战略产业之一，近年来国家政策和财政的支持促进了生命科学产业配套服务的逐步完善。同时，高科技人才回国创业成为新潮，审批政策也逐渐紧随国际趋势，生命科学产业已迎来快速发展期。在资本层面，生物技术企业在美国纳斯达克交易所上市的通道已被多次验证，在2017年，中国香港交易所允许尚未盈利或尚无收入的生物技术公司在香港上市，这进一步拓宽了生物技术投资的退出渠道。

生物技术即将迎来投资热潮，和成为资本新宠的时刻，此时我们在生物技术领域应该关注什么？拥有可追溯的科技血统和颠覆性技术的平台、具有世界一流水平的团队、致力于创造新的治疗标准等都是我们应关注的重点。在这个方面的典型案例有泛生子基因科技有限公司、天科雅生物科技有限公司等。

新挑战与新策略

对医疗领域的投资正逐步走向行业重构与创新驱动。

在医疗投资领域，对行业的深度理解以及前瞻性判断日趋重要，机构投资必须以深度行业研究为基础，以高度系统和严格的策略指导为准绳。在战略布局上，机构投资应专注关键赛道，提前布局，合纵连横，建立良好的行业生态。

郑玉芬　约印医疗基金创始人。拥有十年企业管理和投资经验，累计交易额近十亿元人民币，2007年开始从事医疗行业风险投资，专注于医疗健康领域。

3.1　医疗投资已进入2.0时代，理解行业才有比拼的资本

■ 许小林（华盖资本创始人兼董事长）

我做医疗投资已经有十年时间，虽然并非学医出身，但十年投资

经验让我对医疗行业有了一些理解与心得,此次连同华盖资本在医疗方面的投资观点,一并分享给大家。

为什么选择医疗投资

首先来看医疗行业的变化。将 2007 年和 2017 年的数据进行对比,最为核心的变化是我国人均 GDP 由 2280 美元增长到 8000 美元,如图 3-1 所示。

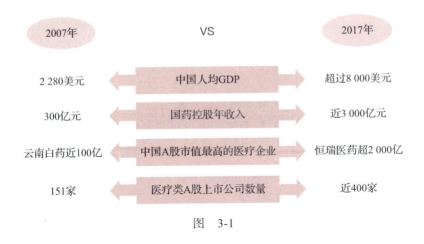

图 3-1

我在 2007 年将医疗投资作为自己的主攻方向,当时的依据很简单:中国人均 GDP 会从 2280 美元增长到 4000 美元。人均 GDP4000美元在欧美和日本都是一个阶段性指标,它意味着医疗健康行业会迎来巨大需求,因此我判定医疗投资会成为强劲刚需。后来医疗行业的大热,印证了我的想法。

近十年来,中国医疗行业规模在不断增长,这种趋势非常难得。

十年前国药控股以药品销售为主营业务,年销售额只有 300 亿元人民币,而今天这一数字是 2500 亿元人民币。从上市公司角度来看,目前中国 A 股市值过千亿人民币的医疗类公司已经有六家,超出很多人预期。2007 年云南白药市值为 100 亿元,在当时已经是中国市值最高的医疗公司,而现在这一数字是 1000 亿元,另一家医疗公司恒瑞医药的市值则达到 2000 亿元。

十年前,医疗类 A 股上市公司数量只有 100 多家,其中大部分都是生产化药、仿制药的企业,所以当时医疗类 A 股其实都是医药股,并不能完全代表整个医疗健康行业。现在情况不一样了,医疗类 A 股上市公司数量达到 400 多家,这些公司和新三板里的医疗公司基本上覆盖了医药、器械、服务、互联网医疗等所有医疗服务形态,这与十年前形成鲜明对比,如图 3-2 所示。

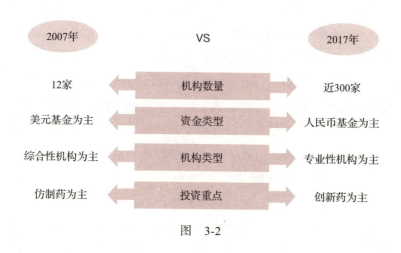

图　3-2

从投资机构角度来看,十年前将医疗作为主投方向的机构只有十多家,而现在有 300 多家,资金类型以人民币为主。此外,还有大约

500多家投资机构将医疗产业纳入到了投资方向中，所以目前有大约800家投资公司在关注医疗行业。

从资金类型来看，过去医疗投资币种以美元为主，而且药物投资、器械投资的对象以早期项目为主，现在人民币基金成为医疗投资的绝对主导，在很多医疗方向给予了支持，同时也在海外进行收购。

2007年前后，一些综合性机构都将医疗作为投资方向之一，如果将医疗作为重点方向，向专业性机构发展就成为必然，尤其是当一批专业性机构出现之后，市场将倒逼大型综合性机构拆分出医疗板块，九鼎投资和君联资本都是鲜明的例子。募资时面对的LP和投资时面对的被投企业也都会关注投资机构的专业性，所以向专业性投资机构发展也是一个大趋势。

对投资机构来说，过去医疗领域中可选的标的不多，和当时的A股一样，大家面对的大多是生产仿制药的公司。而最近几年，大家都在讲创新，而且许多医药项目的创始人都是"千人计划"的专家，很多人来自欧美科研机构，现在已成为国内研制创新药的主力。其中有些人已回国十年左右，与药品研发周期相当，所以中国正在迎来创新药收获期。创新药的产生以及相关的政策导向，让国内仿制药企业逐渐退出主流地位，以技术为主导的人才将成为医药行业的最大受益者。

医疗投资的热度可以从网络数据中得到体现。根据华盖资本研究，2012年以前，在百度搜索中以"中国医疗健康行业投资"为关键词进行搜索，相关文章数量一直都在1000篇以下，从2013年开始，相关文章猛增至1.8万篇，而2017年相关文章数量更是暴增至3340万篇，如图3-3所示。

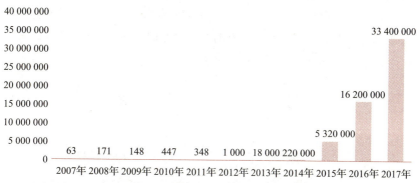

图 3-3 2007～2017 年"中国医疗健康行业投资"相关文章数量

我们还把过去十年中医疗健康行业投资热搜关键词的前三位都列举了出来。其中医疗器械类概念出现了九次,生物医药类概念出现了六次,医疗服务类概念出现了九次。2016 年的行业投资热搜关键词前三位是基因测序、生物医药、民营专科医院,2017 年是医疗人工智能、生物医药和精准医疗。具体情况如表 3-1 所示。

表 3-1 2007～2017 年医疗健康行业热搜关键词前三位

年份	医疗健康行业投资热搜关键词(前三位)		
2007 年	民营专科医院 (妇产、口腔)	生物医药	医疗器械
2008 年	基层医疗	保险机构投资医院	医疗器械
2009 年	医疗器械	公立医院改制	健康管理
2010 年	医疗软件	医疗信息	生物医药
2011 年	医疗器械	医药流通	生物医药
2012 年	公立医院托管	基层医疗改革	海外医疗器械并购
2013 年	民营专科医院 (妇产、医美、眼科)	上市公司医药并购基金	医用可穿戴设备
2014 年	民营专科医院 (肿瘤、养老、康复)	上市公司医药并购基金	移动医疗
2015 年	精准医疗	基因测序	IVD
2016 年	基因测序	生物医药	民营专科医院 (综合、诊所、肿瘤)
2017 年	医疗人工智能	生物医药	精准医疗

选择医疗投资，就意味着选择了漫长的等待。我认为目前医疗投资已经进入 2.0 时代。那么 2.0 时代和 1.0 时代的核心区别是什么？具体见图 3-4 所示。

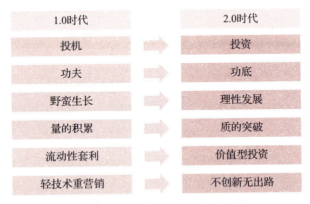

图 3-4　1.0 时代与 2.0 时代的区别

在创业板推出前后，医疗投资仍然是以投资符合上市目标、有盈利支撑、利润标准满足 IPO 要求的企业为主，所以那时大家都会去投资比较成熟的医疗企业。医疗行业的利润普遍不高，能够实现一亿元以上利润的企业都是凤毛麟角。当时的投资逻辑就是尽可能在 Pre-IPO 时投进去，赌它能够上市，那时投资机构的投机性更强、投资目的更窄。

现在大家面对医疗项目长达几年甚至十几年的回报周期，都会理性看待，选择投资医疗行业，就等于默认选择漫长的等待。不过相比其他行业，医疗行业的等待时期更加安全，发生风险事件的概率更小。

过去投利润可观或是即将上市的企业，大家的时间和精力大都花费在经营关系上，投资团队的成员也以金融界人士为主。而现在以医疗为主攻方向的投资团队中，会有相当一部分人有医科专业背景，具备行业功底,在长达 3～5 年的时间里关注一个细分方向。

在过去,像步长制药这类企业都有一支强大的销售队伍,轻技术、重营销、重渠道。到 2.0 时代,大家面对以营销和渠道为主的公司时会很慎重,会考虑它们的成长性,因为现在是一个以创新为主的时代。

医疗投资 2.0 时代有三个关键词。

第一是研发创新。研发创新是 2.0 时代进行医疗投资的必要条件,忽略研发创新就很难找到项目。无论是风险投资还是私募股权投资(Private Equity,PE),现在大规模投资仍然注重考察团队的研发水平。

第二是并购整合。未来五年,以医疗为投资方向的机构间的竞争,主要会依靠机构本身的并购整合能力。中国医疗在药品、器械、服务等方面的细分领域都呈现出小而散的状态,缺乏整合。未来还会这样吗?不太可能。未来每个细分领域的整合将成为主流,这也是我们目前关注二级市场的原因,如果身处二级市场的企业并购整合能力不强,那么在市场中的 PE 估值会低于一级市场,比如现在很多上市公司利润可以达到两到三亿元人民币,但其 PE 倍数只有 20 多倍,而具备创新技术的公司,其 PE 倍数可以达到 40 到 50 倍,目前这种倒挂的现象已经存在。

第三是产融结合。产业与金融的深度融合是行业大趋势。2017 年 9 月,中国医药企业协会新一届大会召开,从那时起,大会的名字发生了改变,叫作"中国医药企业家科学家投资家大会",这个名字就反映出了产融结合的趋势。

中国的公司上市之后,其并购整合需求会变得非常强烈,如果职业投资人不能介入产业深层,就会被产业淘汰,因为上市公司的企业家一旦掌握了投资工具，会比职业投资人更具优势。而未来最具优势的人才则是像北京生命科学研究所所长、百济神州创始人王晓东院士这样的人，他有多重身份——科学家、中美两院院士、创业者、企业家。他成立的百济神州已经上市，现在市值30多亿美金。王院士现在最关心投资方向和新的成长机会，因为科研人员到了一定年龄之后，其研发能力会下降，但是观察研发趋势、把握产业方向、考察专业人才的能力会高于普通投资人。所以在产融结合的过程中，职业投资人们与其等待被淘汰，不如主动与这些科学家、企业家做深度结合。

儿童医院投资不好做

根据国家卫生和计划生育委员会统计，2017年我国0～14岁儿童数量超2.5亿人，占全国总人口的17%，且随着二胎政策的落地，新生儿数量将在未来几年呈递增态势。现在儿科门诊量爆棚，2015年儿科门急诊人次高达5亿人次，占全部部门急诊人次的10%，所以儿童医疗服务刚需强劲，如图3-5所示。

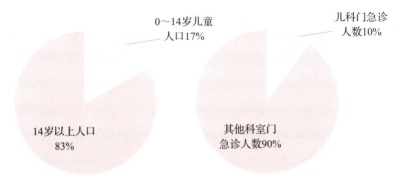

图3-5　儿童人口数占总人口数比例与儿科门急诊人数占总门急诊人数比例情况

儿童医院数量方面，2016年儿童专科医院仅有117家，其中公立医院68家，私立医院49家。如图3-6所示，中国平均每千个儿童拥有0.53位儿科医师，低于美国平均每千名儿童拥有1.46位儿科医师的比例，所以儿科医生紧缺是未来要面临的问题。如图3-7所示，国内现有儿科床位48.3万张，仅占全国医院总床位数的6%，床位占比很低，这也是导致儿科医疗被大家热切关注的原因之一。

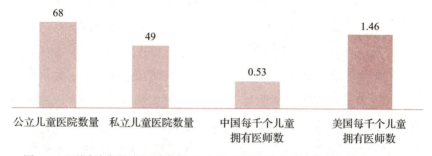

图3-6　不同种类儿童医院数量与中美两国每千个儿童拥有医师数量情况

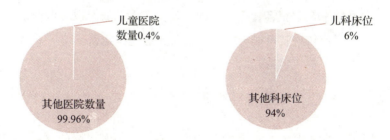

图3-7　儿童医院数占总医院数比例与儿科床位数占总床位数比例情况

2015年，二胎政策全面放开。在国内已布局儿科医疗、妇儿医疗的上市公司中，几乎一半都集中在2015年"扎堆"投资儿童医院。两年时间过去了，从这些投资儿童医院的上市公司公告来看，其中有八家上市公司在儿童医院项目上的投资都过于仓促，没有取得成功。

儿童医院不好做，原因来自多方面：父母不信任、儿童服务客单价比较低、儿科医生的缺乏、投资周期很长等。这些原因都指向了同一个问题：如何投资儿童医院？面对这个问题，华盖资本有自己的观点。

首先投资儿童医院要具备公立医院基础。当公立医院体系集中了全行业最好的医生资源时，投资就无法离开公立医院基础，优质的临床人才、医院管理人才都需要公立医院提供。

其次是具备异地扩张能力。医疗服务中有一个难题：能把一家医院做好，不一定能把两家医院做好；能把同一区域的医院做好，不一定能把跨省医院做好。这个难题就涉及投资机构的异地扩张能力。

再次是具备多元化运营能力。首都医疗集团主导投资了北京爱育华妇儿医院，投资的规模很大，他们希望把妇产、月子中心、儿科全部囊括进来，在传统服务的基础上增加多元化服务类型。

最后是需要解决医疗安全问题。大规模综合性医院、专科性医院的运行体系能够经受医疗风险的考验。如果医生单独开诊所，面临的最大难题不在于获客，而在于医疗安全。医疗安全没有商业保险支持，一件医疗纠纷就可能导致一个诊所无法继续运营。

儿童医院产业布局不要局限于治病

儿童医院不是儿童医疗产业中唯一具有价值和机会的领域，如果把思路放宽，相关投资可以从三方面着手。

第一，发挥国家儿童医院医联体的价值。北京儿童医院主导的医联体服务于全国 80% 的儿童，投资机构势必要和医联体合作。现在中国有很多医联体，如果医联体内的医院、机构能够实现数据连接，令彼此之间的联系更加紧密，就能够发挥出更大的价值。

第二，关注儿童医院上下游产业。家庭医生、后期康复、儿科相关用药及器械等领域都大有可为。比如家庭医生，小孩在晚上生病是最愁人的，家长会很着急，因为不知道病情的严重性所以不敢拖延，总是在第一时间去医院找大夫。大医院面对这种情况也很无奈，有时候孩子病情并不严重，甚至根本没病，但是却需要连夜召集医生和专家诊断，造成了很大压力。如果有家庭医生或者初级预防、诊断措施，就可以缓解儿童医院、综合医院儿科的压力。

第三，关注泛儿童产品的链接。儿童医院跟其他医院的最大区别在于儿童涉及的产业是快乐产业，大家到妇产医院、儿童医院时不会太痛苦，比如去妇产医院生小孩，大家都很开心，而肿瘤、心血管疾病都是让人发愁的、危及生命的问题。

现在很多投资都局限于治病，虽然治病是刚需，但市场空间比较小。我希望未来大家能够拓宽儿童医疗产业。比如以前大家认为眼科是一个小学科，只是让病人看得见，现在把眼科拓展到眼视光领域，让大家看得更清楚、更舒服，市场规模一下子暴增了十倍，所以我们要把思路打开。

许小林　华盖资本创始人兼董事长。毕业于北京大学，国际经济学学士，北京大学 EMBA。

3.2　医疗健康产业的投资机会集中于产业链环形结构中
■ 李志民（资深医疗投资专家）

我于 1989 年医学硕士毕业，当了三个月大夫以后，下海做医药代表，是中国改革开放后最早期的医药代表之一。我前期先后在外资、合资、国企及民企工作，后期大部分时间都在民企做上市公司总经理或首席执行官（CEO），先后供职过五家上市公司，在自己获得成长的同时，也见证了中国医疗健康产业的发展。

医疗产业端：药企图变

早期医药代表对中国医疗行业的最大贡献，是以学术推广的方式告知医生该如何用药以及用药治病的机理。医生可以用很多手段治疗疾病，而用药是最关键的手段之一，那时候医药代表的工作就是经常提着一个放满胶片的箱子到医院科室去做药品的学术讲解或演讲，开药品推广的科室会，条件好的科室可用带有色彩的幻灯片讲解。医生从医药代表和药厂那里掌握了用药知识，同时通过实践又提升了用药水平和治疗水平，患者确实很受益。后期由于市场竞争的压力驱使和监管无法全力到位等诸多因素，使得整个医疗行业风气受人诟病。

随着两票制、医保控费等政策的陆续出台，用药环境和渠道正在发生深刻变革，医疗器械厂商、试剂耗材厂商和药品厂商都在面临同样的困境，即不知道该如何去迎合整个医疗终端市场结构的调整。单纯依靠简单的营销手段或不敢公开化的暗箱操作，在短期内有效，但长期来看不可持续，必须要改变。各大厂商开始思考如何顺应行业趋势变化，以便继续更好地生存和发展。这个问题在我看来，厂商只有依靠领先的产品战略和建立学术领导地位，才可以获得持续发展。

具体来讲，针对药企的转变和提升，我主要有三个建议。第一个是药企要着重梳理自身的产品战略，围绕核心产品线展开，把疾病领域或疾病谱的特征和数据一并考虑。药企获取产品的手段靠迭代、购买、并购或研发等，使企业自身保持旺盛的生命力。第二个是巩固和提升企业核心产品的市场地位和学术地位，增强核心竞争力，占领用户心智。第三个是强调用户思维，企业要增强真诚有效的服务手段满足消费者需求。目前医疗器械、诊断试剂、基因检测等方面的公司也面临着很大的来自市场和政策上的挑战，市场竞争激烈，同时有些公司也存在着估值虚高，或者是概念好但可落地或可转化的东西还看不到的问题。此外，不同的投资者对同一标的认知差异又很大，这些都给目前如火如荼的医疗健康投资带来了较大的困惑和尴尬的境遇。

医疗端：国有医院改制不易

中国医疗服务端的整体架构还是以大的国有医院为主导，这是多年来中国国有体制中形成的一种结构，这种体制结构的最大特点是公信力，国有体制带来了老百姓对国有医院的信任和认可，使得所有好的资源都沉淀在国有医院里。虽然现在有一些民营医院也很有名，他们给专家大夫开出的薪水也很高，但中国最大牌的专家大夫还是不会轻易选择去民营医院，因为他们知道，主要的医疗资源和消费者还是集中在大型国有医院里。以北京为例，北京拥有中国最牛的医院：协和医院、阜外医院、积水潭医院、同仁医院、北京大学第三医院……消费者对这些医院的信赖程度是难以撼动的，所以这些医院一直生存发展得很好。

现在医院的格局正在悄然发生变化，政策上国有医院允许民营医院等多种经营成分进入，但我们发现，事实上国有医院改制不易，面临方方面面的问题。无论怎样，民营资本如果要收购国有医院，一定要符合制度上的程序和要求，否则很可能留有隐患。这类收购一旦确定可行，则民营资本应以全力以赴、速战速决为宜。

目前，国内大型央企体系下（如煤炭系统、冶金系统等）原有的分布在全国各地的多家医院也释放出一些机会，欢迎民企对其旗下医院参股乃至控股，给民营资本提供了可供选择的标的。还有一些二三线乃至四线城市，它们都面临老医院过于陈旧、需要迁址扩建的问题，这就给民营资本的进入创造了条件。老医院可以被托管，民营资本在新址医院可取得控股地位，这对民营资本借力（品牌力、当地影响力及公信力）运营大有益处，事半功倍。老百姓只关注老医院的品牌还在不在，并不太关心这家医院的股权交易。

医院发展三板斧：品牌 + 团队 + 激励机制

民营医院排名前十位中，大部分的医院运营管理确实做得好，他们真的是把医院当作企业去运营。

我在企业收购医院时发现一个规律：医院的技术团队（包括专家团队）和运营团队应该是两套人马，同时配备这两个团队，才能把医院做好。如果指望仅凭很优秀的技术（专家）团队就能把医院做好，往往会出现不及预期的结果，至少成功率不高。国内有家民营医院，几乎所有相关科室都聘请了当地甚至全国最强的医疗学术带头人，如此强大的专家团队资源聚集在这家医院，但其实际经营结果实在是差强人意或与预期相去甚远。从某种意义（如企业运营的角度）上来说，运营团队似乎比技术团队更重要。

运营团队能做什么？举个例子，比如在普外科专门做阑尾手术，假如这类手术一共有 ABC 三种方式，我们把这三种方式分别看作三种"产品"，然后去查阅这个城市中一共有多少人，每年要做多少台阑尾炎手术，这三种方式在这些手术中的比例分别是多少，测算出每种方式的成本和毛利分别是多少。测试完之后，我们就会知道 ABC 三种方式中哪种方式最优。所谓"最优"，就是指其疗效好、时间短、成本低、效益高，就此开展营销，增加"最优产品"数量及比重，这就能带来更多的效益，然后再去考虑如何在各个科室之间合理分配这种效益。这就是运营管理的思路，它和医疗技术本身没有关系。如果医院都能通过发展重点科室，然后对业务进行产品化管理，民营资本不但对医院运营会有信心，对运营结果也会心中有数。

医院要想发展好，有三个要素不可或缺。

第一，医院要有很明确的品牌。已知的市场认可的医院品牌代表的是消费者在医疗资源方面的认知度。如公立医院的品牌就有强大的患者黏性，如协和医院、阜外医院，这样的牌子就是一种无形价值。

第二，医院要有团队，包括运营团队和专家技术团队。

第三，医院要有较好的激励机制，将机制转暗为明，与收益挂钩，做到统筹兼顾。

有了品牌、团队和激励机制这些基础性东西，民营资本收购和运营医院时就会更加心中有数，然后可以再去考虑重点科室和特色等要素。当然，医院供应链的管理也是大有学问的，至于以什么样的投资策略进入，以何种手段和眼光看待标的，以什么方法来估值，以何种渠道和途径搜索标的资源，每家投资机构和投资者都有不同的方法和策略。另外，投资方的投资定位、目标是什么，如何实现退出和收益，是自己搭建上市通道还是和别人捆绑在一起，抑或是卖给更大的投资方，相信各家均有自己的策略和招数。总之医院投资与并购的路程充满着艰辛、沟坎和迷茫，也充满着诱惑、机遇和希望，而且勤劳的践行者们似乎大多时间内也确实感觉到比较烧脑和无奈。

医药产业是互联网趋势中的孤岛

互联网在医药产业中的渗透程度非常低，甚至处于摸索或被拒绝的状态。原因在于医药产业是一个专业性比较强的产业，它与生命体、人类健康有着密切联系，以专业技术为核心，医疗技术的保密性、病人的隐私、医院的利益链条都在驱动着医院拒绝互联网化。几乎所有医院都在某种程度上阻止信息化对接，所以目前被广泛关注的、有着去中心化特点的区块链技术，在未来很有可能会受到医疗产业的排斥，但也有另一种可能，即有新的第三方跳出来从技术上解决上述隐私等相关问题，从而实现互联。

阿里健康曾经尝试打破现有医疗格局，我当时的看法是，如果是在制药领域，它有可能实现这个想法，但是在医疗领域，这个想法难以实现。后来阿里健康在医疗领域做了很多项目，但都没有取得成功，也斥巨资在实体药店方面做过一些文章，结果拿到的大数据也十分不理想、结果不尽如人意。这个领域其实很难完全站在IT角度来整合。好在阿里健康有足够的资金优势，可以在医疗领域不断尝试，倘若尝试十次，失败九次，第十次也可能会成功。

医疗投资要利用新技术实现服务升级

医疗健康行业的产业链是一个环形结构，大体由预防、筛查、诊断、治疗、康复五部分组成。想要在医疗健康领域投资，首先就要观察环形结构中每个部分都有哪些新技术，然后思考如何利用这些新技术改善现有医疗服务质量、实现服务升级。

服务升级绝对离不开技术升级。未来医疗健康产业发展离不开产品的更新换代，产品包含药品、技术、人才、服务，这些都是进步方向与投资重点，药品只是其中的一部分。未来，传统化药品走势会不如从前，特别是由于传统抗生素（化药占比较大）过去的滥用而留下的问题，导致现在国家对抗生素的使用已经有了明确的指导和限制。治病应该遵循的原则是能不吃药就不吃药，能吃药就不打针，能打针就不输液，这才是未来医疗发展的正确方向。

服务升级能够带来什么样的结果呢？从微观角度来看，疾病被医治好了，患者的满意度就提高了，医院的服务质量也就得到了提升，这种结果需要筛查、诊断、治疗、康复等领域的技术支撑。从宏观角度来看，国家每年在医疗领域支出上万亿元，随着老龄化程度加深，这一数字还将继续递增。所以要尽量做好预防工作，让医院脱离不堪重负的现状，保证亚健康人群不发病或者延迟发病，甚至免遭病痛的烦扰，同时也能减少国家财政支出。

预防、筛查、诊断、治疗、康复五大领域皆有投资机会

医疗产业链中的预防、筛查、诊断、治疗、康复五大领域都有很多事情可以做。

在康复领域，与西方国家相比，目前中国没有完备的康复治疗技术，心肺系统、神经系统、骨科系统、妇科系统都需要康复治疗，而且需求量很大，涉及的先进技术、设备、方法有很多。现在中国建立了康复协会，开始跟发达国家接触，不断完善我国的康复技术，所以这一方面在未来有很大市场与机遇。

在治疗领域中，我个人比较看好人工智能治疗技术以及手术机器人。在未来，医院可以利用人工智能技术，依托大量的病例数据不断演变算法，进行简单的诊断工作。目前 IBM 投资的机器人诊断技术，能够利用大数据进行精确诊断，在个别领域，一分钟就能诊断十位病人，准确率可以达到 99%，而医生们平均每十分钟只能诊断两到三个病人。人工智能技术能够给医疗健康发展带来很大的成长机会，这种机会也是我们的投资机会。国内有家公司已经发明出了可以进行脑科手术

的机器人,天坛医院的一些脑科专家非常看好这项技术,对于那些以前不能进行脑科手术的二级医院来说,将来技术成熟以后,就可以通过利用手术机器人与接受更高等级医院远程指导的方式向病人提供更多服务。

此外,在癌症治疗方面,我认为生物治疗是未来发展的一个方向,自体免疫细胞治疗在未来会获得发展。对于很多癌症病人来说,个人认为化疗不是最好的办法,化疗只会让病人遭受更多的痛苦。目前靶向治疗药物势头较盛。新的探索方法是免疫细胞治疗,特别是自体免疫细胞治疗,也有些实体瘤采取质子治疗的方式。我见过两个癌症晚期的病人,当时医院诊断其寿命已不足半年,后来这两个人没有进行化疗,而是采用了自体免疫细胞治疗,到2018年为止已经活了两年了。这种方式在未来可能会大大改善人类的生存质量,属于目前处在前沿并且非常重要的技术,正在进行积极探索和推进研发。

在筛查和诊断方面,现在基因检测备受关注,但检测并不是最重要的,最重要的是面对检测结果应该有干预措施。比如给某个人做基因检测,测得他患某种癌症的概率比较高,接下来应该如何解释和预防呢?如果没有后续的有效干预措施,基因检测只能徒增受测者的恐惧感和心理障碍,没有太大的价值。所以解读检测数据、干预疾病发生、提供预防保健措施非常重要,这是疾病预防领域中会取得发展的部分。检测和预防应当结合起来,单纯的检测没有意义,单纯的预防也很难赚到钱。因为很多人的思想都很有意思,没有病的时候不会把预防疾病当成一件很重要的事情,坚持一种"能扛就扛"的心态,只有真的生病了之后才会觉得自己应该锻炼身体、应该注意预防,这是人性使然。

李志民　资深医疗投资专家。西安医科大学医学硕士,美国华盛顿大学MBA硕士。曾担任中大香港集团中国首席代表以及浙江康恩贝制药、奇正藏药、上海复星万邦生物制药、步长制药等五家上市公司总经理或CEO。

3.3 未来五年，数据医疗①的四大问题与三大投资机会

■ 贺兆辉（北京光大隆泰科技有限责任公司联合创始人）

我是一个典型的 IT 理工男，大学毕业后一直在从事 IT 工作，直到 2015 年遇到了光大隆泰的创始人，才开始跨界到医疗领域。从互联网发展的角度看，我的这次跨界并不偶然。

2015 年左右，大家都非常崇尚 BAT 的成功，当时麦肯锡提出了三点论：

（1）一切行业互联网化（泛互联网化）；

（2）数据驱动、数据成为资产；

（3）行业垂直整合。

光大隆泰的创始人是一位药品临床试验行业的前辈，麦肯锡的三点论与药品临床试验行业的特点非常相似：

（1）药品临床试验是一个非常垂直的行业，包含合同研究组织（Contract Research Organization，CRO）、临床试验现场管理组织（SMO）、临床试验研究者（PI）、药品生产方等许多部分，产业链很长很散；

（2）药品临床试验的最终成果就是数据；

（3）药品临床试验呈现出泛互联网化的趋势。

我看到了医疗与 IT 行业的共性，由此跨界，并在过去两年中，在 IT 和医疗融合方面做了大量实践，对国内外数据医疗方面的创业公司产品、平台、商业模式有了深刻而全面的认识，观察到了国内

---

① "数据医疗"是一个很火的概念，本文中的"数据医疗"主要指医院和药厂围墙内的部分，即数据驱动的新药创制和研发、数据驱动的临床诊疗和辅助决策两个部分。

数据医疗创业公司存在的普遍共性问题,以及数据医疗领域的投资机会。

问题:融合困难、平台化受阻、模式不清

问题一:IT和医疗的尴尬融合

IT和医疗是两个完全不同的领域。大家可以通过图3-8和图3-9直观感受一下。

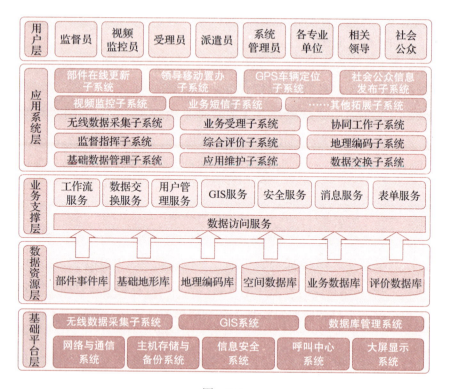

图 3-8

图 3-8 是一张 IT 架构图，整体就像搭积木一样，各层技术都已经非常成熟，不论是 BAT 这样的企业，还是人工智能、区块链等科技，都需要通过这种 IT 架构一层层地搭建起来。

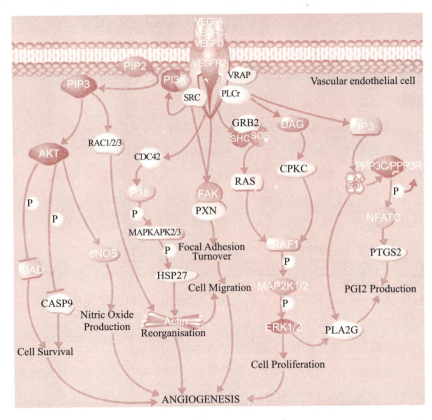

图 3-9

而代表医疗行业特点的图 3-9，呈现的都是点对点的连接。临床奉行"循证医学"，其核心思想是医疗决策应在现有最好的临床研究基础上做决定，同时也要重视结合个人的临床经验。

从 TMT⊖角度看，IT 人会认为医疗领域处处存在挣大钱的机会；从医疗角度看，IT 无所不能。但在实际融合中，IT 背后的工程思维与医疗背后的试验思维融合时却会遭遇尴尬的局面。

举个例子，曾有一位投资人在动物实验中，观察到了小分子肽对肿瘤的治疗作用，于是在相关项目上投入了重金，但最终发现小分子肽注入人体后会马上被吸收，起不到效果。还有一个例子，曾有医生希望用电子设备获取帕金森患者的数据，最终却发现无法做出医疗级别的产品。

工程思维与试验思维相差甚远，再加上医疗行业的细分领域众多、市场深度垂直等原因，医疗行业的信息化之路异常艰难，这也导致目前医疗行业的信息化程度非常低。医疗和 IT 想要实现融合，需要很长的一段时间，这种融合情况的好坏也是未来医疗公司竞争力的体现。

近五年来，国内诞生了一批数据医疗公司：医渡云、药渡、零氪科技、太美医疗等，很多都是 IT 人跨界创建的，我认为 IT 人跨界医疗最重要的是要有"改行"的决心，才会有 IT 和医疗深度融合的信心和能力。

问题二：平台化遭遇三大壁垒挑战

数据医疗正努力走向平台化，其目的在于最大限度地发挥互联网的连接作用，通过积累数据来发挥数据对业务的驱动作用。但是由于专业壁垒、政策壁垒、技术壁垒的存在，把整个医疗行业切割成无数个细分的深度垂直市场，而且每个市场规模都不大，所以在平台化过程中，如何进行深度共性整合与产业链协同就成为一个挑战。

⊖ 是科技（Technology）、媒体（Media）、通信（Telecom）三个单词的首字母缩写。——编者注

问题三：数据医疗商业模式不成熟

数据医疗的商业模式在哪里？目前，如果医疗数据不能转化成为药品或者器械，就无法提供商业价值。

Flatiron Health 是业内最早开始收集肿瘤数据的公司，今年被瑞士罗氏集团以 19 亿美元的价格收购了，虽然公司实现了变现，却充分说明了数据医疗厂商的商业模式并不成熟，不能独立发展，这对国内的数据医疗厂商有警示作用。

问题四：数据医疗依赖于科学的试验设计方案

目前国内知名的数据医疗厂商都在模仿国外的肿瘤大数据公司，在前期搜集大量数据，期待未来转型。但是，医疗数据分析依赖于科学的试验方案设计。人体包含无限数据，每次试验取得的数据量都是沧海一粟，如果没有科学的试验方案设计，分析结果一定会偏离方向。

机会：数据医疗的最大作用是降低成本

机会一：降低数据采集成本

目前互联网在数据医疗领域发挥的最大作用，就是降低数据采集成本。比如在药物临床医疗方面，有四个问题亟待解决。

（1）医院信息系统（Hospital Information System，HIS）、实验室信息系统（Laboratory Information System，LIS）中数据的价值密度低。

（2）临床研究数据的维度大，比如，一个牛皮癣的临床研究量表字段就超过了 1000 个。

（3）缺乏医疗级别的穿戴设备。

（4）专科数据库共享和商业化程度较低。

这四个问题背后都存在商业机会，如果互联网医疗走"软件+

服务"的道路，完全能够降低数据采集成本、提升效率，从而解决这些问题。区块链和人工智能在未来的互联网医疗中也有一定用武之地。

机会二：多维数据的分析整合

数据医疗在生物制药和基因治疗领域会发挥巨大作用，因为这两个领域对数据技术平台的依赖性非常大，而且越来越重视个体化治疗的过程和复杂的机体环境。所以多维数据的分析和整合会成为数据医疗一个趋势。

机会三：降低药品上市后再评价的成本

数据医疗会重新定义药物上市后再评价研究的价值与意义。药物上市后的再评价可以发现新药上市前未发现的风险因素，但是基于真实世界研究（RWS）理念的再评价成本高昂，需要数据、人工智能等技术辅助来降低成本，这方面同样存在巨大的市场空间。

贺兆辉 北京光大隆泰科技有限责任公司联合创始人。

3.4 医疗健康产业投资，就是要帮好人挣钱

■ 庞恩升（天狮集团董事长助理，原天士力医疗健康投资总经理）

我从事医疗投资工作属于机缘巧合。

我在实业公司从业多年，从事经营管理、市场营销等工作，后来又在咨询公司工作两年，那段时间与很多 PE 打交道，所接触的事情也很宽泛，战略营销、组织管理、人事管理、财务规范、投融资等都有涉及。

2010 年，经朋友介绍，我认识了爱康集团董事长王东。他是一

个有情怀有信仰的人，想踏踏实实地把一家医院做好，打造有品质的医疗服务，处理好医患关系和医院与职工的关系。在我看来，拥有这种心态的人往往更容易成功。各个产业在发展过程中会不断"回归"，急功近利发展起来的产业，会随着政府监管的加强以及消费者认知能力的提升而归于落寞。如果一个医疗行业的老板每天都盯着复合收益率，每天都在想办法控制成本，他一定会变得焦虑，整个医疗团队也会和他一起焦虑，最终会导致服务质量下降。

经王东介绍，我进入医疗产业，开始接触大型综合医院、国有企业医院的改制重组和收购经营，后来进入天士力。

天士力产业布局：顶天立地，四方发力

天士力前身是北京军区医药局旗下单位，主营医药研发。20世纪90年代中后期，国家要求军企分离，这个单位便从军队中剥离出来，落户天津。由于自身具备产品研发能力，又得到了天津市政府支持，天士力在1998年成功改制，于2002年上市。上市以后，中成药研发、生产和销售成为天士力主业，知名产品有复方丹参滴丸、养血清脑颗粒等。

2006年左右，天士力提出"大健康"概念，强调"大健康"是一个体系，而非某种产品。从那时起，天士力的业务开始纵向延伸和横向延伸。

纵向延伸：顶天立地

天士力在纵向的延伸可以用"顶天立地"四个字来形容。

整合中药材种植基地、科学种植、规范收储加工、搭建药材可追溯管理系统、质量认证、线上线下交易以及金融服务等这一套完整的

体系在公司内部叫作"立地",其含义是把田间地头的事情做好,把根子上的事情做好。

天士力陆续整合达几十万亩的中药种植基地,这些基地分布在中国的东北、西北、西南地区。天士力对其收购的目的是为了解决药材质量问题,因为中药药材质量对疗效影响非常大,而散户个人种植的药材品质不可控。

在种植过程中,天士力采取科学化管理,对土地、种子源、种植、收储等各个方面进行规范化管控,其中一部分土地采用"农民+公司"的形式,要求农民按照天士力标准和流程进行种植,公司派技术人员监督。在收储环节,为了避免出现像"三鹿奶粉"那样的造假问题,天士力直接在田间地头进行科学化收储。后来天士力又成立了获得国家质量检测部门认证的质量监督体系,对公司自行种植或收储的药材进行质量认证。近两年,天士力又引入物联网技术,让所有收储的药材都可以被追溯,某种产品、某包药品如果出现问题,可以追溯到具体的产地和种植工人,从而保证种植环节、收储环节和采购环节的可靠性。

"立地"的同时,天士力也在进行"顶天"的工作。

中医和中药是中华民族的瑰宝,应该让全世界人民都看到中医价值,享受到中医疗效,但东西方药学观念分属截然不同的思想体系,制药工艺也完全不同。西方人严格遵循分子化、成分化道路,而中国人讲究阴阳辩证、五行相克。若要把中医、中药推向世界,就必须通过欧美发达国家的认证程序,从而获得西方的全面认可。

20世纪90年代末,为了实现推广中医药的目标,天士力在美国设立了分公司,开始进行复方丹参滴丸在美国食品药品监督管理局（Food and Drug Administration,FDA）的申报、认证工作,至2017

年为止已耗费十多年时间，投入十几亿人民币。天士力在美国做申报认证，就是想让西方最严格的标准认证古老的中国配方，一旦复方丹参滴丸在美国获得认证，就标志着东西方药学界在药品检验方面可以展开对话。

在 FDA 做三期临床验证时，天士力在全球二十几个国家开展同步实验，这些实验工作量很大，为此投入的资源也非常多，但公司内部有一种态度：不管复方丹参滴丸在国外能产生多少利润，认证工作都必须要做，只要公司有实力，就必须为中医药发声，中国文化要在世界传播，中药也得走出去。

天士力借助这次认证与实验的机会，和德国、荷兰、美国、澳大利亚、英国等多个国家的大学、医院合作，在大学里建立技术转化中心，与当地医院合作建立中西医结合的治疗中心，把中医里的针灸、经络、推拿、按摩等技术带到海外，以增进西方医学界对中医的了解。

就目前情况来看，"中西医结合"这个业务比较适合在海外发展。有些外国病人到了天士力的中西医结合中心，前期接受西医治疗，康复期接受中医治疗，都取得不错的效果，在面对一些慢性病和心脑血管病时，中医的治疗效果非常好。

中西医结合这块业务在澳大利亚发展得最好，因为当地有很多华人，其中很多人前半生都在中国生活，虽然他们英文很好，但与西方医生交流病情时仍觉得不太方便，所以更倾向于接受中医治疗。随着中国国力日渐强大，以及中医备受当地华人的青睐，澳大利亚的本土居民也会去这些中西医结合中心接受治疗。天士力在澳大利亚已经开设了五个中西医结合中心，并且已经实现盈利。此外，天士力在澳大利亚还开设了几个专科医院、影像中心和检验中心，打造了一个小生态，未来还会继续扩大规模。

横向延伸：四方发力

天士力核心业务由原来的中成药单个板块变成中成药、化药、生物药三个板块。以前化药和生物药都作为"两翼"发展，现在它们和中成药并行，在公司内部构成竞争关系。在研究方向上，天士力将心血管、脑血管、肿瘤、糖尿病和神经疾病等作为主要方向。

近年来天士力在生物药领域投入很大，先后投资了两个与"糖尿病长效胰岛素"有关的项目，总投资额超过三十亿元。另外，在肿瘤的早期筛查、初步诊断和生物细胞治疗、嵌合抗原受体 T 细胞免疫疗法（Chemeric Antigen Receptor T-Cell Immunotherapy，CAR-T）方面天士力也在布局——收购或参股的项目有思路迪、康立明、药明康德等。天士力自行研制的普佑克（注射用重组人尿激酶原）也进入了医保目录，并取得了非常好的临床效果。

"大健康"的概念是天士力最早提出来的，从疾病的预防、诊断，到后续的治疗、康复都属于"大健康"，现在大家关注的养生，比如健康饮食、健康生活以及老年人的养老、护理也属于"大健康"范畴。

"大健康"无非就是让人们的生活更健康，这不是单靠优化某个环节就能做好的，在人类生命中的任何阶段都要注意健康问题，所以"大健康"的概念一定要铺开，选取其中任何一个点，都可能做成一家上市公司。比如选取一个点横向发展，打造像爱康国宾那样的体检中心，做一百家，铺到全国，实现同质化发展，就能够成功；或者纵向发展，比如天士力，以前生产中成药，后来自建研究院研发药品，再后来做种植、仓储、物流、销售，在全国开设了两千多家分公司，这就是纵向发展的策略。如果做成像医联体那样的完整体系，同样能够成功，不过做好体系化发展的难度就比较大了。医疗领域的创业者和投资人必须要明白，一些小而美的医疗项目自有一套打法，上市不是唯一的出路，不要强制改变这些项目的发展路径。

天士力还在区域健康综合体方向上布局，在各地采用"先建平台，再用资源"的方式，根据当地的资源特点发展相应板块，在辽宁、北京、天津、河北、浙江、湖南、湖北、四川、重庆、海南等地打造健康产业园区。在沈阳，天士力和政府合作，首先从物理空间上开发出一片园区，作为天士力健康产业项目落地的基地，然后将当地高校、医院的科研资源和医疗资源嫁接起来，比如与辽宁中医药大学、沈阳药科大学合作成立合资公司，将产学研、政府、社会资本等各种元素串联起来，以确保项目的顺利发展。

天士力在全国各地的发展各具特色。在沈阳，天士力收购和自建了几家以中医为特色的医院，对它们的中医技术进行承接和转化，再引进和应用一些老牌公立医院的技术，组建康复医院，解决公立医院床位不足和周转率不够的问题。

公立医院大多床位紧张，难以容纳大量康复期病人，而天士力的康复医院可以承接这项工作，并借此了解公立医院的治疗技术和康复技术，从而建设人才队伍。有了人才队伍，天士力就可以把业务辐射到基层社区，形成内部转诊机制。未来还可以打造机构养老和居家养老的模式，有经济能力的人可以到天士力的机构养老，经济能力不够的，可以接受居家养老服务，采取定期上门照顾的形式，这项业务又可以和信息技术、互联网技术结合，打造一个完整体系。此外，辽宁当地有黄芪参、人参、鹿茸等中药材的种植基地，天士力的中药研发中心与沈阳药科大学合作，利用当地药材资源，研发饮片、制剂，转化出健康产品。天士力在当地还有营销与物流公司以及1300多家大药房，通过这些终端把整个产业链条生产的产品销售出去。天士力自建的康复体系与养老体系也可以用到这些产品。

海南自然资源与旅游资源极具优势,更适合药物种植、病人康复、老年人养老、养生等业务的开展,所以天士力在海南与当地农民合作种植药材,同时建立中医院、养老院、康复中心,甚至还建立酒店和农庄,把休闲和养生融为一体。

这种完整的生态体系布局需要非常大的投入,所以天士力在全国只选取了上述几个省份进行,基本实现了全中国"东西南北中"各有一处产业园的布局。

在构建"大健康"产业的医疗资源整合方面,天士力陆续投资了华医心诚医生集团、陆道培血液病医院集团、湖南湘雅博爱康复医院、长沙仁康医院集团、辽宁中医药大学附属天士力医院、澳大利亚康平中西医结合连锁集团、天津天士力慢性病管理平台公司等一系列优秀医疗平台;通过天士力集团旗下天士力资本参股投资的少数股权项目每年大约有 20～30 个,这些植根于"大健康"产业的项目之间已经逐渐形成了协同发展的局面,与此同时,集团在国内外战略布局的最前沿生物技术和健康消费品,为"大健康"事业做好了产品保障。

投项目如水泥盖楼:不抛弃不放弃

天士力看项目,投资方法和普通的投资机构不太一样。

天士力旗下有几只基金,但在做投资时,不只考虑财务问题,还要考虑战略性问题。我们在看某个项目时,不只看其经营状况,也不把其退出时间或回报率放在第一位,而是更关注该项目与天士力整个集团战略的匹配度。即便是刚成立的新公司或者经营情况不好的公司,只要有助于天士力的战略发展,天士力都会考虑投资。

一般的 VC 投项目前要看财务、业务、生存率、退出周期、上市可能等，产业资本则重点看项目能否弥补集团的短板，如果可以，要进一步考虑性价比：若是由集团自己解决这块短板，需要多长时间？多少资源？收购这个项目又需要多少投入？最终方能做出对集团最有利的选择。当然，有些短板弥补起来可能代价太大，那就可以采取合作的形式。天士力和美国康宝莱集团的合作就是典型，康宝莱在保健品市场有品牌优势和营销优势，其国际知名度和国际销售网络要比天士力有优势，而天士力具备产品优势，即药材资源和研发资源，还有国内销售渠道优势，双方合作可以实现互利共赢。

集团内部的基金有长期产业基金也有财务基金，产业基金没有退出周期和短期回报率的压力，投项目大多是长线培养，这就是产业公司的投资特点，和纯财务基金不一样。而且天士力目前的发展战略非常明确，投资决策的效率比较高，灵活性也比较好，能够实现产业协同发展。

我个人比较适合做具有产业性质的投资并购工作，它需要先描绘战略蓝图，然后逐步实现从无到有，从小到大。做这份工作先要把战略蓝图简单勾画出来，然后逐步修正调整，在动态中观察宏观政策、体会微观感触以及产业格局和产业环境，还要不断思考个人在行业中积累的新经验和新体会。勾画好蓝图之后，要整合各种人才、团队、技术力量，整合集团内部和外部的资源，让一个个项目丰满起来，并最终落地。这个过程不能抱着"干两年就卖掉换钱"的心态去做，需要投资并购工作者们亲身参与，自己规划，自己实践，让项目不断成长，实现收益增值，争取永久经营下去。普通的钢筋水泥不值钱，而当把它们搭成了国贸三期后，价值就完全不一样了，大楼盖好之后，还要有物业人员负责日常维护。这就相当于把普通资源变成一项有序资产，要把这项资产规范运营起来，长期持有，真情对待。

面对出现问题的项目，天士力通常会在集团内部对其进行重组，调配到产业链其他环节中去，重新激活它的价值，不到万不得已不会砍掉。95% 的项目和资源都是有价值的，有些项目出现问题，是由于产业搭配不当造成的，需要调整，而非抛弃。

总的来说，发现项目之后，天士力首先会判断项目的类别，然后按照类别方向引导谈判、洽谈合作。目前天士力看项目会专注于"大健康"领域，因为天士力在这个领域已经待了十几年，获知的信息要比别人更透明、更深刻，不容易看走眼。天士力所挖掘项目都与当下业务有协同价值，比如基因检测、基因诊断和可穿戴医疗设备等。此外，一些人工智能和 3D 打印项目也在天士力的观察和扶持范围内，一方面这些项目在财务上能够带来回报，另一方面，天士力可以利用这些技术来丰富自己的功能体系。

天士力在吸引项目方面具备天然优势，能够与各种大健康领域内的项目开展深入合作，天士力可以帮项目搭配人才、设备、空间、网络、市场、销售等多方面资源。某个创业公司主要研发与心血管疾病相关的设备，不具备开拓市场的能力，而天士力在全国有 2000 多家营销中心，几万名医药代表。天士力和这家公司建立合作关系，形成合作互补机制，通过天士力的渠道帮助它把设备卖出去，这要比自己从零起步组建营销队伍、到每家医院登门拜访开拓市场要简单得多。

要帮做好事的人挣钱

这几年我观察到一个现象：每年都有很多新词被发明出来，比如新零售、生态化、闭环、O2O、共享经济等，很多人还没搞清楚概念就冲上去了。其实把这些新词解剖开，它们本质上并没有带来什么实质的革命。

面对任何一个新名词，首先要看清它的基本商业模式和商业逻辑，看透它的本质。应用场景是什么？针对的人群是哪些？提供什么服务，解决哪些问题？能否经得住推敲？经得住推敲才是一个好生意；经不住推敲，解决不了刚需，词发明得再好，也长久不了。但凡是勤奋、接地气的人都能看明白这一点，有些人比较浮躁，脱离基层，把心思花在造词和打磨PPT上，但这些东西都是飘在空中的。

我喜欢接地气的创始人、接地气的投资人和接地气的项目，一接触就能感觉到气场吻合。站在地上的人和事，就应该踏踏实实地干下去；飘在空中的，也许能赚钱，但是和我不是一路人，哪怕前方是暴利也不能跟，这是我的原则。我是个没有很强财富欲望的人，做投资也是这个风格，飘在空中赚的钱再多也不干，因为干完以后就睡不着觉了。

我进入到健康产业工作后，经常到医院里看项目，和医生、患者交流，生老病死、救死扶伤的场景看得多了，我的心态也产生了变化，对于人生的态度更加平和，不会有过多焦虑感，喜欢读哲学，看佛经。

医疗项目，首先要做到对人们有帮助、有价值。我们投资医疗项目，不仅要帮公司挣钱、帮股东挣钱，还要帮做好事的人挣钱，这样我们投资人自己也会心安理得。

庞恩升 天狮集团董事长助理，原天士力医疗健康投资总经理。历任九鼎投资董事总经理、爱尔眼科董事长助理、爱康医疗董事总经理、和君咨询合伙人。十几年来专注于医疗大健康产业经营管理、投资并购、资本运作、股权投资，亲自操盘了几十个医疗健康项目的投资并购与整合工作。

3.5 医疗投资最考验耐心和专业性

■ 吴跃鹏（安龙基金投资总监）

安龙基金属于中国科学院体系里的一只基金，主要投资方向是医药、医疗器械、医疗服务和生命科学。一期基金规模是三亿元人民币，截至 2017 年已投了十四五个项目，目前在医药和器械两个领域投的多一些，医疗服务和生命科学领域出手比较谨慎，因为可选标的没有前两个多，风险大一些。

医药投资金额大，见效慢，周期长，监管多，成功率低，平均周期是十几年，但一旦成功，回报也很高，所以做医药投资，很少有投资方会从头跟到尾。不同体量的基金或产业机构关注的阶段不一样，每个阶段都有相应的江湖和玩家，项目越早期，风险越大，对专业性要求越高，所以医疗领域早期基金并不多。

安龙基金在医疗器械领域比较看好三个方向：一是可以进入医院的诊断类器械；二是和人工智能结合的医疗器械；三是高端器械的国产化替代。其中，国产化替代是大方向，那些在国外有对标产品但国产化还不是很强的医疗器械，都是安龙基金重点看好的对象。至于某些在科研方面特别先进的国内项目，如果国外没有对标产品，安龙基金会稍显谨慎一些。欧美在医疗器械方面处于领先位置，如果有对标产品，安龙基金在做判断时就会节省大量精力和时间。另外，由于受基金规模限制，诸如电子计算机断层扫描（Computed Tomography，CT）、核磁共振之类的大型器械，安龙基金看得比较少，家用医疗器械也看得少。

医疗器械行业很多项目的特点是：从研发到临床，再到最后商业化，周期较长（比医药的周期短一些）。若是看好某个方向或领域，安龙基金会把资源集中在一起,组成一个新公司进行孵化。这种方式虽然比较耗费精力,但相对靠谱很多,安龙医养、科辉创新、安龙脉德等公司都属于这种类型。

基因测序:道路曲折,前途光明

当下生命科学如基因测序等项目估值普遍偏高。具备第三方基因检测资质的公司有两三百个,但是市场容量并没有那么大,于是就产生了泡沫。行业发展的大方向上没有问题,但是精准医疗、基因工程、药物研发、医疗检测等项目都需要资本的支持。任何事情都需要一个过程来适应发展的节奏,而这个行业需要的是分子生物学、生物信息学领域,疾病诊断治疗领域,医药、生物合成、酶、蛋白甚至是微生物领域等综合学科的整体发展。另外,市场接受度与医院、医生及病人的认可度的培养都需要时间。

基因测序道路是曲折的,前途是光明的,最终能跑出来的项目,一定是那些掌握了核心技术、有市场能力、在方向选择上契合了医疗本身真实需求的项目。另外,基因测序上下游还有很多细分领域可以布局,比如基因文库制备、基因工程、合成生物学、生物酶制备、生物医药产业链前端及后端、基因大数据解读等。

医疗影像与人工智能结合,场景是关键

我之前投资过一个名为"连心医疗"的项目,这是一个医疗影像与人工智能结合的云平台,刚开始项目很难盈利,后来找到了一个场景,切入到医院的放射科中,利用平台上的软件、人工智能和算法帮

助医生做诊疗、诊断和辅助治疗。医院和医生愿意买单，平台有了现金流和收入，项目才算是真正落地。

这个项目是一个朋友推荐给我的。在找安龙基金融资之前，连心医疗已经与空军总医院、海军总医院等几家大型医院建立了合作关系。安龙基金当时正在研究这种影像和诊断，同时也发现其存在很多问题，在和项目创始人交流的过程中，发现该项目正好有应对这些问题的解决方法，再通过与医院及医生的交流，我发现这些方法是可行的，便决定投资。安龙基金投的时候这个项目还没有那么热，在安龙基金进去之后，好多人便开始抢，所以这个项目的下一轮融资也就容易了。

投资人比的是"擦一擦"的功力

我本科读的是电子部的部属院校，学的是数学，毕业后去了电子部，在国企和外企都待过。巧合的是，我工作过的很多企业，后来都上市了，有人打趣说，我是企业上市的"福星"。

我在企业做管理时就喜欢做些分析、判断和研究的工作，做投资则是对投资人脑力和体力的考验，要观察行业、市场和场景，要考察创业团队、产品、客户和政策，投资能不能成功，最后还得加上一些运气。

在任何领域，投资人都不可能比创业者还专业。创业者长期在一线搏杀，他们才是真正有水平的人。投资人需要具备的是前瞻性和一定的知识广度，而不是在一个点上使劲钻研。

医疗行业创业者的普遍特点是海归多、学历高、年龄大，三十岁以内的少，四五十岁的居多。医药研发创业者大多数都是博士，毕业时都将近三十岁，然后在大药厂工作十几年，晋升到一定位置，再出来创业时可能便有五十来岁了。

医疗项目创业不一定要天天加班，创业考验的是韧劲，因为它的成长周期较长，做临床实验等必须有量的积累。医疗领域投资和别的领域投资风格也不一样，它更考验投资人的耐心和专业性，要更加谨慎，不适合太张扬。

我与项目创始人接触，首先会看他的精气神。聊着聊着就无精打采的创始人，肯定是不行的。投资人是给项目送钱的，创始人连投资人都不尊重，还会尊重项目的客户和供应商吗？

我一年要接触几百个项目，各种类型的创始人都见过，曾有无精打采的，有不耐烦的，还有跟投资人争执起来的。我欣赏的创业者和企业家，在融资过程中要有激情、懂进退、胸襟宽广，怀揣共赢心态和进取精神。

众多项目里，能跑出来的未必就是一眼看上去闪闪发光的项目，金子表面上常常蒙着一层污垢，擦一擦才能见到光亮，投资人比的就是"擦一擦"的功力。这种功力主要靠经验积累。投资人的成长通常要经历三个阶段，一开始是看什么项目都不错，然后是看什么项目都不行，最后才进入了项目识别的成熟期，能看出有的项目行，有的项目不行，能做到慧眼识珠。

运作一只基金也是如此，投资人总是要不断总结自己的方法论。我现在经常对自己投过的案子、基金投过的案子和别人投过的案子进行复盘，对自己两三年前的看法、判断进行验证或总结，这其中能产生很多感触和收获。

吴跃鹏　安龙基金投资总监。

第 4 章 教育东风

4.0 互联网投资趋势下的教育风口

■ 张丽君（创新工场合伙人）

投资和创业都是基于变化的。变化带来机会，让创业者能够利用比较小的资源撬动比较大的力量，让投资人能找到快速增长的点进行投资。

2018 年教育项目发展得特别快，我们首先应该思考教育项目火热的原因：教育领域的变化到底在哪里？然后再思考未来的选择：我们能找到什么样的机会？

中国经济与教育行业的关系

根据世界银行的数据，我把中国、日本和美国多年来的人均 GDP 和教育支出做了一个对比，如图 4-1 与图 4-2 所示。

从图中可以看出，中国目前的人均 GDP 还处在美国和日本几十年前的水平，而对比中国、日本和美国的教育支出在 GDP 中的占比可以看出，2000 年以前中国每年的教育支出还不到 GDP 总量的 2%，此后比例不断上升，最近这几年则达到了 4%～5% 的水平，表明政府在教育领域的投入不断加大。

20 世纪七八十年代的日本在教育领域的支出从 2%～3% 的水平上升到了 4%～5%，在 20 世纪 90 年代达到了一个高峰期，后来随着日本经济环境的变化，这一水平趋向平稳。而美国经济发展持续增长，所以教育支出一直保持在 GDP 的 5%～6% 左右，目前仍在增长。2012 年中国教育支出占 GDP 的比重达到了世界平均水平，而 2013 年中国教育行业的发展出现了一个热潮。不难看出，只有当经济投入达到一定水平，教育行业才能获得更加繁荣的发展。

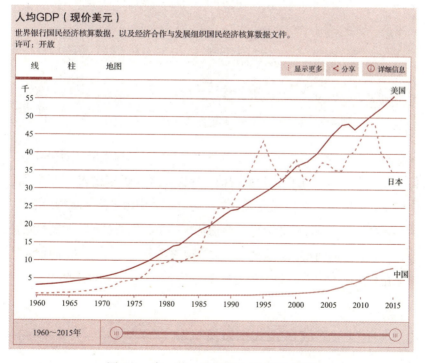

图 4-1　中、美、日历年人均 GDP 情况

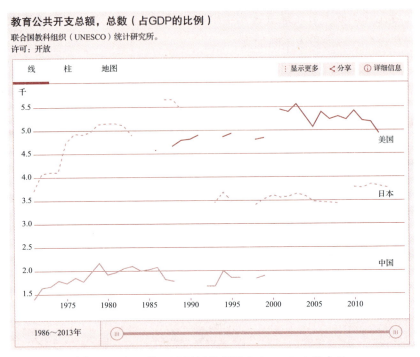

图 4-2　中、美、日历年教育开支在 GDP 中的占比

目前中国的政府、企业和学校每年在教育领域投入的经费是 3.8 万亿美元,而消费者在教育领域的消费额甚至高于国家投入,所以目前中国教育市场大概有 10 万亿美元的体量。如果中国经济能够持续增长,那么国家在教育领域的投入同样会保持在一个高位消费者,尤其是家长们,在教育方面的投入也会越来越多。经济的发展与教育经费的投入是一个互相影响的关系,教育的良性发展也会进一步推动经济的增长。

2011 年以来的教育创业和投资状况

2011 年很多教育类项目都处于初创阶段,创业者也都很年轻,缺乏经验，面临很多困难，比如网络教室项目普遍缺乏优质内容。2013年、2014年教育创业投资人的圈子开始形成，众多教育从业者、互联网从业者、80后父母开始在教育领域创业，众多教育项目技术越来越成熟，内容越来越丰富，体验越来越完善。其中有一大批人原来做线下教育，他们看到了线上教育的机会，开始转向互联网方向。

到了2015年、2016年时，大家发现教育行业资本化的路径不太顺，针对《民办教育促进法》开始产生各种各样的讨论，逐渐将路径探索清晰。目前已经有四个省份针对民办教育出台了配套政策，退出路径变得更为清晰，这必定会吸引更多基金的介入。

许多上市的教育公司也在寻找适合并购的项目，由于二胎政策的放开，一些其他领域的上市公司也想贴教育标，往教育方向转，正在寻找教育领域的优秀资产。所以现在教育领域的公司是好标的，发展势头迅猛。

2018年5月15号，新东方和好未来在美国的市值都在100亿美元左右，两个月后，新东方的市值已经达到了120亿美元，在两个半月的时间内上涨了20%，由此可以看出美国市场非常看好中国的教育产业。

归根结底，大家进入到教育领域的动因有两个。一个是需求，需求本身开始发生变化，这是最根本的，教育的本质还是要满足受教育者和家长这两批人的需求；另一个是技术创新，技术的变化加上教育情形的变化产生了一些新的机会，改变了成本结构和教育场景。

中产阶层的焦虑带来了机遇和挑战

从图4-3中可以看出中国各类收入人群所占比例的情况与美国和

日本大有不同。

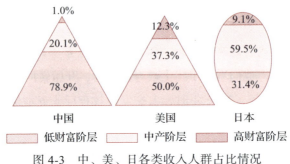

图 4-3　中、美、日各类收入人群占比情况

大部分中国人仍旧收入较低，中产阶层占比只有 20%，而高财富阶层只占总人口的 1%。目前中国市场还处于财富从低财富阶层向中产阶层自下而上流动的过程。

中国的中产阶层大多是经历过 20 世纪 90 年代大学扩招的一代。这一代是在极强竞争背景下被教育起来的，具有责任感又努力奋进，他们对自己子女的教育成果充满期待，同时又有很多恐惧，担心能否实现"青出于蓝而胜于蓝"的目标。所以中产阶层中的家长是一批"纠结"的家长，他们能赚钱，对子女有很高期望，但是自己很忙，于是通过在教育方面加大资金投入的方式来降低自己内心的焦虑感。这种焦虑感会让中产阶层家庭在考察教育项目的时候更希望看到"应试类"素质教育和"素质类"应试教育，即在考察素质类教育项目时会关注对子女升学是否有帮助，对出国留学是否有帮助，而在考察应试类教育项目时则会关注能否真正提升孩子的学习能力。

国内有一些体育项目，请外教来带着孩子做运动，孩子身体得到了锻炼，英语能力得到了提升，对出国也有帮助，未来还可以丰富简历，所以这些项目深受家长们的欢迎。

因此，素质教育项目可灵活实现家长的需求，让素质教育的教学目标、教学内容、产出结果尽量能和应试刚需产生或多或少的连接，让家长更容易接受项目，从而把握好发展机遇。许多教育公司因此开始研究心理学，在探索如何满足家长的需求上花费很多时间和精力。

十年之后或者更远期，家长们的焦虑感会下降。在需求端，未来优质教育资源的供给会越来越多，家长们对教学品质、教学服务的要求会更高。而在技术端，很多应用于教育领域的新技术并不完备，还需要不断发展。

当前优质教育资源稀缺，所以教育行业仍有很大发展机会，但关键是先要把教育产品做好。

把握教育行业的本质，线上线下齐发力

教育的本质属于服务业，大型教育类的企业依然基于服务业生存。

传统教育行业的基本商业模式包括产品类、服务类、To B类。服务类的市场是最大的，而产品类和To B类的市场很难做到足够大的体量。

在线教育属于对传统教育的变革式创新，但是传统教育的商业模式和服务形态并未发生变化。

在线教育的创新在于：①有了新的获客方式，比如利用微信更容易接触顾客；②有了新的服务供给，比如三四线城市能够拿到一线城市的优质教师资源的供给；③有了新的服务场景和媒体的变化，新技术变化带来了不同的教育场景；④有了财务结构上的优化，线下的房租越来越高以致难以承受，而线上教育成本得到了有效控制，这在一

定程度上会优化财务结构。

未来只有一小部分教育公司会做纯线上项目,大部分会以线下场地为依托,融合线上资源,而纯线下场景的教育会变得非常少。所以纯线上模式和线上线下融合模式是未来的主流,而我们现在投线下项目时必须确保这些项目未来能够和其他资源融合。

纯线上项目主要以在线直播课为主。在线直播课目前有一对一、班组课、大班课三种模型。这三种模型打破了原来纯线下单校区复制的模型,最大的优势是可以实现全程数据化,实现优质资源供给。这三种模型各有特点:一对一课程销售快,但利润少;班组课组班难,师资压力大,但是品质好;大班课利润大,但互动性太弱。

某种模型好不好应该根据场景进行综合判定,分析各种模型分别适用于什么样的场景和受众,再从受众的特点出发决定课程模型。此外,三种模型与企业发展速度、运营的复杂度和用人的特点也都是密切相关的,必须要有区别使用的意识。

采用这三种模型开展素质教育的企业大多是以线上线下融合的方式为主,纯线下的项目多以大班课模型为基础,然后增加小班的班主任,比如两三百人的大课增加二三十人作为一个服务群组,这是一种新形式的模型,但是从市场的反馈来看采用这种模型的课程续约情况不好。

未来的教育,商业模式本质依然是其核心。新技术能提供新供给和新服务,但是未必能真正改变企业的获客渠道,也不一定能够激发企业的创意,它也无法塑造一种具有仪式感和场景感的东西,所以线上线下的教育融合是大势所趋。

纯线上模式能够解决问题的领域有限,只有当我在线下无法以同等或者稍高的价格获取同等品质的服务,比如在线下无法获取某位名师的授课服务，甚至我再加 20% 的费用也聘请不到名师时，我就会选择纯线上服务。作为一名家长，只要我能够在线下获取名师资源，就不会选择线上。据我观察，对于四岁孩童来说，社交是一件非常重要的事，他上课不只是为了学东西，也是为了和其他孩子玩，为了和好朋友在一起。社交环境对孩子成长非常重要，老师跟孩子的社交、孩子跟孩子的社交等场景很难通过线上技术手段模拟。而在成年人的领域里，一个自制力足够强、目标足够积极向上的上班族或者创业者，出于节约成本的考虑，他也会选择一个可以随时随地学习的纯线上模式。

　　线下模式是素质教育赛道上的主体，因为接受素质教育最大的群体是 3～10 岁的儿童，这个年龄段的儿童需要在线下的物理场景去参与某些活动。家长往往时间有限，大量的孩子被放到幼儿园、小学的托管班、安亲班里面去托管，这个场景始终存在，即便家长回到家也不能很好地陪伴孩子，所以看护孩子本身就是个刚需，因此如何高质量地看护和陪伴孩子成为一个很重要的需求。所以近几年在学前教育至高中教育（kindergarten through twelfth grade，K12）领域里，家长的选择还是倾向于线下课程。未来线下课程会使用和线上 1 对 1、小班课、大班课一样的逻辑，不去划定模型的优劣，而是会根据孩子的特点以及所学科目来判断使用何种形式来实现最优的教育过程。

　　现在有很多使用线上线下融合模式的模型，比如双师课堂模型，再比如学习中心模型，让孩子们聚到一起，每个孩子一台电脑进行自学；还有一些体验中心，第一课堂是线下体验，以后利用 iPad 自己回家上直播课。这些模型都需要根据实际的教学场景来进行设计，而且需要很多无缝的融合，可能前一个环节在线上，后一个环节在线下，比如获客的时候，一部分是来自于线上微信群里的客流，一部分是线下发传单的客流。这种融合不应只出现在教学层面上，整个企业包括营销、师资培训、内部结构等全部实现数字化，然后融合企业文化，这将是一个很大的趋势。

教育风口中值得关注的点

在学前阶段我们比较关注幼儿园，因为幼儿园这个方面的供给仍旧比较稀缺。此外还有托管，托管和任何的教学模型结合都可能产生不错的效果，但是目前做托管的人都只在做托管，单纯的托管模型很难做大，因为单个项目的体量太小。

从长远角度来看，中产家庭对于幼儿教育阶段的需求会更注重教育公平化，现在各种应试教育和素质教育覆盖到了三四线城市，这些地方的家长和受教育人群也具备了一定的经济能力，他们希望为孩子找到更优质的教育资源。另外高考改革也带来了很多新问题，让很多学生和家长都不知所措，所以如何应对高考改革这条线也很重要。

在职业教育方面，投资者必须要关注未来劳动力需求的变化，产业转型带来了人才就业的压力，向整个职业教育的核心还是为社会输送有用的人才，我们要研究这方面的变化趋势，来判断会有哪些人才需要被输出。一个大的结论是越来越多的人会进入到服务业当中。很多人以为富士康是一个主要依靠人力的制造业企业，其实也有很多机器人在工厂工作。被人工智能替代的标准化行业会越来越多，但服务业整体还是需要人，需要人的情感、人的陪伴，这个部分很难被人工智能替代，教育就是其中一个大类。

技术发展也会产生很多不同的变化，所以会有很多新的机会出现。创新工场目前只投了两个素质教育项目，这两个项目都生产硬件产品，同时这两个项目的内容研发能力很强，除了做硬件之外还研发了自己的 App，都是具备硬件生产能力和教研内容生产能力的产品，创新工场是基于这样的逻辑才选择投这两个项目的。

教育行业与人工智能的交集

现在人工智能的话题非常热，但是人工智能跟教育是什么关系？创新工场认为当下的人工智能还没有成长为能够完全服务于 C 端业务的形态，还是以服务于 B 端（企业端）、提升 B 端的效能作为主要形态。

人工智能的核心前提是需要搜集数据，因为金融行业的信息化程度好、数据完备，所以应用人工智能技术较多。教育领域涉及的数据都很难分析，所以很难运用人工智能技术。线上教育企业拥有的数据都以视频为主，都不是结构化的可分析数据，而线下企业甚至都没有数据，很难应用人工智能。

所以教育企业想要应用人工智能，首要任务是收集尽可能多的优质数据，然后判断能否使用这些数据。在一些教学环节中，比如推荐课程和批改作业等环节，只要有相应数据做基础，人工智能可以提供非常大的帮助。在与教育本身不相关的环节，比如销售和客服方面，人工智能同样可以解决很多问题。

从远期来看，教育行业的很多基础功能可以被人工智能替代。但不可替代的是什么？我认为是满足偏情感类和偏创意引导类需求的功能，机器很难学到这些东西。

素质教育创业者需要思考自己的场景中有哪些东西必须由人来完成，哪些东西要在线下场景中得到加强，这个场景化的部分是线上教育和人工智能无法替代的，不可替代之处挖掘得越多，得到的就会越多，就越可以找到自己在线下模型中安身立命的点。

张丽君 创新工场合伙人。中国人民大学技术经济与管理硕士。2011年加入创新工场，专注于在线教育领域投资，曾成功主导投资多贝、VIPKID、优才、盒子鱼、壹怡智能钢琴等项目。

4.1 教育投资不是"填鸭催肥"

■ 郭晓乐（教育领域资深投资人）

这几年有不少朋友来交流教育投资的话题，有的是对教育或投资的某一方面感兴趣，有的是对"教育+投资"整体感兴趣。坦白讲，教育领域的创业不易，教育企业需要兼顾育人价值与商业价值，对教育的投资也是一样，投资者需要识别出能够做到这种平衡的好标的。

教育是个产业，而不仅仅是一个行业

在最近一年相对侧重儿童成长板块之前，我关注教育行业的全链条。看教育比较久之后，你会深切体会到，教育是一个大产业，而非一个简单的行业。仅从年龄段的维度来梳理，母婴、早教、幼教、K12、高教、留学、职前培训、职业教育等，每个板块都有各自的特点与规则，很少有企业可以把每个板块都做到一流，因为做好每个板块需要的认知与基因不一样。从投资的维度来梳理，有财务投资、战略投资和产业投资这些投资类型，不同投资类型的目的之间存在差异。财务投资目标明确，低买高卖是核心原则；战略投资则为母体的战略目标服务，依据战略路线按图索骥——战略动态变化，好标的的标准也随之变化；产业投资需要洞见和预判产业发展的脉络与未来，甚至通过资本的手段来实现资源的整合协同，推动产业的升级。但无

论是哪一种投资类型，都需要像教育企业一样，重视育人价值与商业价值的平衡。

教育行业需要市场化助力，但也不得忽视政策的强大影响

教育行业带有很强的社会公益属性，所以在过去很多年中，其市场化属性并不强，但随着课外培训行业的不断成熟、国际教育的需求日渐旺盛、教育改革的呼声渐高等变化的出现，有越来越多市场化的力量进来做出贡献并获得可观回报。但投资者仍要清晰认知到，目前国内的教育领域正处于新一轮的改革周期中，新的教育政策会陆续出台，这些政策将直接影响到企业市场化的路径选择，甚至商业模式设计。

比如K12领域的《关于规范校外培训机构发展的意见》中，"不得一次性收取时间跨度超过3个月的费用"的规定会直接影响到靠现金流滚动复制来扩大开店数量规模的加盟模式；幼教行业的普惠与非普惠和营利与非营利的分类，会直接影响到单体幼儿园、中小型连锁品牌幼儿园和大型幼教集团未来的发展路径与策略；高考政策与招生评价制度的改革，会影响到用户在应试教育与素质教育之间的选择判断权重。

技术会促进教育方式的升级，但要适用，不要滥用

通常我们听到的在线教育其实是泛指，它把人工智能等技术都包括进去了。但不要把技术盲目等同于整套解决方案，很多情景下，它只是辅助手段。

第一，要考虑什么是合适的技术应用场景。我认为在现阶段，能最大化发挥技术价值的场景在于管理，而非教学，比如招生、排课、课堂秩序维护、流程运营等。使用技术手段，能够显著提升管理效率，这样就会把教育工作者大块的时间解放出来，用于教学品质的提升与个性化服务的实现。在教学端可以人工为主，适当搭配技术工具，比如自动批改、课前中后测评练习等。

第二，技术的应用需要遵循儿童成长的规律。用户的年龄越大，线上教育产品能够发挥威力的场景就越多；年龄越小，应用技术越要慎重。比如，职业考试培训是很适合通过在线课程的方式进行的，但早教阶段未必适合全面在线化或人工智能化。

过去两年，跑出了几个搭载着在线化理念或者技术属性的教育独角兽或者上市公司，它们都是在过去一波在线教育浪潮的淘洗下，不断尝试、创新、调整，最后慢慢站稳脚跟，但要想如互联网巨头一般深入渗透到用户的使用习惯中，还需要继续加油。

教育投资是培养灌溉，不是"填鸭催肥"

教育投资贯穿一二级市场的全线火热也就是最近一年到一年半左右开始的，2013年底到2015年左右，只有教育类企业的战略投资者会真正全面关注这个行业的投融资，此外还有少数的一线基金会在消费或者文化口匹配投资经理来兼顾这个领域。

我们必须肯定资本的关注对于教育行业的发展所起到的很大的推动作用。有了资金与资源，才能吸引优秀的人才进入这个领域，甚至有很多人才从其他行业跨界过来，他们在成熟行业及企业的经验、认知、做事情的规范化、管理水平，会给教育行业带来整体上的提升。家长感受到这种提升后，会对教育品牌产生信任感，这时候项目方再去做营销，就比较容易获得家长的认可，这就形成了一个良性循环。

如果是单纯逐利型的资本进入到教育行业，就可能会忽略这个领域塑人为先的本质，因而出现一些问题。说得乐观一点，如果资本仅仅是因为在这个行业没有赚到钱就走了，这算好的情况，但如果资本的进入给整个产业都带来负面影响，这是得不偿失的。

所以在我来看，资本在教育行业应该发挥四个作用。

第一，资本的灯塔作用。资本不应该让教育变得火热，而应该让教育被大家重视。

第二，资本的量尺作用。资本不应该盲目评估教育自身的价值，而应该合理给出商业模式的价值。

第三，资本的配置作用。资本不应该是教育的身后狼，而应该做教育的马前卒，进入教育行业的资本，不应该一味逐利，而应协助旗下标的创造真正有价值的产品与服务，在这个刚需行业，资本不用担心好的东西不会增值。

第四，资本的催化作用。资本不应该把教育作为赌场，而应该让教育成为游乐场。在这个游乐场，大家不是怀着短期眼光与赌徒心态，而是让从业者觉得被尊重、有成就感，孩子有收获与成长，资本从中分享长期价值与收益，每个人都获得充实与满足。

基于以上原则，教育投资面临的最大挑战就是如何平衡教育本质和商业诉求，找到合适的标的，并通过资本的力量，帮助中国产出一批优质的教育品牌。说实话，这不容易。但无论何时，投资者都要认识到，教育投资是培养灌溉，不是"填鸭催肥"，否则教育投资的价值会大打折扣，分析判断的逻辑与标准也会南辕北辙。

郭晓乐 教育领域资深投资人，威创股份产业投资负责人。重视儿童成长领域的产业链投资与整合，围绕儿童的成长，布局教育、营养健康，以及相关的金融、科技、文化、娱乐等领域，部分投资案例有幼师口袋、咿啦看书、华蒙星体育、奇幻工房（Wonder workshop）、Altschool、纽诺日托、阳光视界等，开设有自媒体公众号【晓闻乐见】。

4.2 职业教育东风已至，但上市公司盲目转型进入不可取

■ 刘芮江（中国教育投资基金合伙人）

许多在教育领域投资的上市公司，在经过几年的观察之后，已经认识到自己吃亏了。上市公司在准备转型之前，往往会从某个咨询机构买一份数据齐全、分析透彻的行业报告，作为转型的参考和依据。但是，通过咨询机构得到的数据存在滞后性。现在行业发展的速度非常快，有些企业的成长周期可能只有三年，发展到第四年业绩就会下滑。没有四到五年的观察与经验积累，投资者就无法挑选出真正具备成长价值的企业，也无法分辨出真正适用于教育领域的商业模式。

上市公司是一个资金平台，许多老板从零做起，经过多年创业，把公司做成了具备一定规模的上市企业。这些企业用了十几年甚至几十年时间才把一个行业做透做深，如果想转型，同样要遵循这个规律。仅凭一份报告、多招几个人，公司是不能把一个行业做好的。

投资机构的价值在于机构每天都身处行业之中，每天都会见到行业内很多企业，不论投资成功还是失败，几年甚至十几年一路走下来都能够积累大量行业经验。投资机构在初次接触一个项目时，就可以凭借长久以来的认知来判断项目是否靠谱，以及有无跟进的必要，这样既能够节省大量时间和精力，也不会踏错投资点。

这些年我看到了很多上市公司转型失败，尤其是往教育方向转型失败的企业，有的甚至失去了整个公司，这是极为惨痛的教训。所

以，我认为准备转型的上市公司或者传统公司，一定要重视与投资机构合作。用 2% 的管理费买到的是几十亿元甚至上百亿元的盘活，至少不是亏损的盘活。

十九大报告：完善职业教育，深化产教融合

党的十九大报告提出：完善职业教育和培训体系，深化产教融合、校企合作。

我所在的中国教育投资基金的建立初衷，就是为了促进产教融合以及应用型大学转型。所以身边一直有些朋友在问，什么是"产教融合、校企融合"？为什么要提倡这两点？

其实这几年国家政策越来越务实，关于产教融合的政府文件已经有很多。十九大之后国务院发布了《国务院办公厅关于深化产教融合的若干意见》，这份文件当中就针对"产教融合"提出了一些具体落地思路。2014 年国务院下发了《国务院关于加快发展现代职业教育的决定》，2015 年三部委联合发布了《关于引导部分地方普通本科高校向应用型转变的指导意见》，2016 年党中央发布了《关于深化人才发展体制机制改革的意见》，这些文件都对"产教融合、校企融合"做过解释与指导。

国家提出"产教融合、校企融合"的原因有两个。第一，传统行业正在转型，国家花费巨额财力引进了许多先进设备和技术，但是国内应用人才有限，设备升级了，人才升级却面临困难。第二，许多新兴行业，如人工智能、大数据、通信等，难以在高校内培养出人才，因为高校的设备、教学、思维还停留在几年前甚至十几年前，与新兴行业发展不同步。

让高校自己转型很困难,因为它的考核标准不是毕业生就业情况、薪资情况、企业满意度,而是论文发表数量、学术成就等。现在需要让应用型知识体系、思维逻辑、设备仪器进入高校。所以教育部建立了中国教育投资基金,围绕产教融合投资,帮助高校实现转型。

金融业应为产教融合提供支持

"产教融合"本质上是为了培育产业。组成产业或行业的元素是什么?是企业。所以产教融合围绕企业服务,政府、高校、金融行业、培训机构都要围绕企业发力,这四部分共同构成了"产教融合"的主体。

政府负责领导与政策支持,政府系统内的人力资源和社会保障局、教育局、科学技术局都能够给企业提供帮助。举个例子,帮助企业做人才培训的机构可以得到人力资源和社会保障系统的补贴,从而获得动力继续为企业服务。

大学、专科、职业院校为企业提供人才输送和技术输送。企业是高校技术成果转化的出口,高校为技术成果转化提供理论支持。

培训机构可以帮助院校培养企业需求的人才。现在社会上的 IT 培训、金融培训都依靠企业的需求生存。

金融行业可以为企业提供金融支持,比如股权投资或者债券,还可以向培训机构的学生提供贷款与金融服务。政府现在有大量产业升级的需求,需要为大量企业转型升级服务。如果政府在这方面专业能力不够,金融业可以给政府提供帮助。

深入产业内部,了解产业需求,提炼出符合新兴产业发展的教育内容,找出产业内优秀的企业,将其放大,这是"产教融合"的逻辑。

"避虚向实"具有现实意义。作为投资方，如果能够在考虑国家战略的基础上，助力社会需求中的产业发展，弥补被投企业的短板，与企业实现共同成长，就一定能够取得回报。同样，一个伟大企业的诞生，也一定是在为人类历史进步做出贡献的同时，被社会所成就。因此，只有以社会赢、国家赢、企业赢、资本赢作为共同基础的项目，才有可能获得持续性发展。

实例：从四家企业看职业教育的行业发展

投资是一件没有标准的事情。我可以分享四个我们已经观察过的企业，很有参考价值。这四家企业的共同基础是都能达到 PE 投资的要求，同时基本上都符合被并购或者上市的要求。四家企业的名字就不透露了，分别用 ABCD 代替。

A 企业主营通信人才教育业务。通信行业的发展带来了大量人才需求，中兴、华为这些大企业都有自己的教育部门，但在人才培养上做得不好，因为企业不懂教育。高校虽然懂教育，但不了解企业需求，于是 A 企业应运而生。A 企业的创始人曾是中兴高管，十分了解企业需求，他团队内部也有懂教育的人，于是几个人一起出来创业。目前 A 企业已经与 230 所本科院校和大专院校建立了合作关系，与这些学校合作开设课程，同时向这些学校售卖培训用的设备。学费分成和设备销售是其盈利来源，学校通过分配学分的方式让 A 企业的课程成为学习科目，并支付相应的学费。目前 A 企业已经成为通信培训行业的龙头企业，2018 年净利润达到了 7000 万元人民币。我们判断 A 企业未来能够和大约 350 所院校合作，2019 年达到利润顶峰。现在 A 企业又将国家提倡的"中国制造 2025"加入培训规划，以应对 2019 年以后利润下滑的风险。

B 企业主营手机售后维修人员培训业务。企业创始人原为某市人力资源和社会保障局领导，对人力资源和社会保障、教育领域有很深了解。华为最初和五家培训公司合作，逐渐发现 B 企业培训出来的人员业务素质更好，最终决定将 B 企业作为售后维修人才培训的唯一合作伙伴。B 企业现在也开始为富士康输送人才，并开展了智能制造人才的培训工作。B 企业的培训体系很务实，给人的印象就是"为企业服务而生"，完全按照企业需求定向培训，输送人才的精准度和匹配度都很高。目前 B 企业已与超过 300 所的高职院校合作，这些合作院校都是经过 B 企业筛选的、具备一定水平的学校。

C 企业是目前全国最大的给高速铁路和城市铁路提供服务的培训学校，目前在校生超过五万人。国家高铁里程在不断增长，决定修建地铁的城市也越来越多，这两方面的人才需求逐渐攀升。C 企业主要向各地交通局、交通站、高速铁路车站输送人才，目前已与 800 多所中职院校开展合作，同时开展无人机、3D 技术培训。企业创始人是平民阶层出身，拼搏精神很强，但是对全部培训项目的驾驭能力有限，目前只有高铁乘务专业的培训做得比较好。C 企业的学员规模是一大优势，可以轻松应对各地铁路局动辄上百人的需求，服务能力很强。它在业务上已经过了爆发增长阶段，但仍有增长空间。

D 企业为制造业提供人才招聘服务，向企业工厂输送蓝领，规模很大，现在每年有超过十万人通过这家企业就业。D 企业创始人的格局和思路很不错，他的目标是建立中国最大的蓝领服务平台，其对标的是一家日本大型企业。蓝领工人转岗率高、流动性大，他们在换工作同时需要不断提升技能，D 企业通过提供培训和就业引流，替企业做招聘。上岗前，D 企业可以给这些工人提供技术培训。此外，D 企业还会在就业、跳槽、考试、贷款甚至相亲等方面为工人提供服务，从而打造一个黏性平台。2017年D企业的利润是3000万元，2018年预计达到4000万到5000万元。D企业的创始人是清华系出身，有学术背景，专业能力强，具备拼搏精神，并且有格局。D企业的培训大多是外包出去的，目前正在建立属于自己的学校和教学体系，三年时间里，D企业的学员从800人增长到了8000人。

这四家企业都与学校开展了合作，不同学校以及各地教育部门也会提出不同的合作要求，包括要求培训企业提供师资、引入教学体系、解决就业等。

D企业在校企合作过程中还托管了一所具有800名学生的中职学校，这种情况很少见。首先，一所具有800名学生的中职学校很难实现收支平衡，财政负担重。有实力的企业可以和政府协调，托管学校，企业能够控制预算，而且还能招收很多外地生源，创造价值，这是政府需要的，所以政府会很乐意接受。但是目前国内有能力托管中职、高职院校的企业可能只有四五家，而他们对中职院校的关注又非常少，因为现在国家学习德国二元制职业教育培训，更多时候还是以高职和应用型本科为代表，不鼓励中职院校。其次，自下而上的托管很难，企业要有政府资源，要有教师资源，要有培训体系，否则难以全国化，也就很难做大。

方法：我看项目的四个要素

第一，看行业。行业有需求，企业才会竞相追逐。所以投资者要看项目所在行业是不是处于高速发展状态。以A企业为例，现在3G、4G刚刚普及，5G又来了，又需要大量行业人才，所以从行业发展角度看没有问题。

第二，看虚实。投资者要确定项目是不是真的能够为企业解决问题，看看ABCD四个企业培训出来的人员就业情况怎么样，企业给的反馈怎么样，从而确定项目实力。

第三，看创始人格局以及团队情况。团队成员是否具有价值共识？配合是否默契？判断过程中投资者要多和创始人接触，大家在一起吃吃饭、聊聊天，很多东西都可以表现出来，并且是装不出来的。

第四，看项目在行业内是否具有核心竞争力。项目本身能否被轻易超越？竞争对手实力如何？这些问题投资者都要考虑。

现在公务员培训、会计培训门槛低，而且整个行业对人才需求的热度已经消减了，行业内有龙头企业出现了，这样的项目可以考虑不要再投了。投资者最好还是找具备一定基础、处在爆发式增长的行业。医美行业就是典型。尽管现在医美市场很乱，医疗事故频发，但是在2017年5月国家开始清查医美行业，打击劣质医院之后，整个行业正在走向规范化、标准化，市场规模正在从3000亿元走向4000亿元，没有龙头企业，标准正在制定中，所以投资者还有机会。

刘芮江 中国教育投资基金合伙人。原赛伯乐教育产业合伙人。具有七年投资行业经验，主导赛伯乐教育产业投资布局、产教融合布局深入。投资项目包括华天软件、军懋科技、景津环保、经世教育、猪八戒网等。

4.3 在线少儿英语将面临和共享单车同样的命运

■ 杨洋（教育产业研究新锐）

前段时间我参加了几个教育类公司的面试，包括新东方、好未来、VIPKID和VIPABC，并且拿到了这四家公司的录用通知（offer）。选择offer的过程与平时做投资的过程有些相似，下面我对这四家公司在教育行业的发展进行分析。

VIPKID 只是一位探路者

现在投资行业很有钱,但是不知道该往哪里投。2017 年共享单车非常火,以 ofo 和摩拜为首的共享单车企业大放异彩,共享单车以低廉的价格吸引了众多消费者,也吸引了大量资本进入市场。然而到了 2018 年年初,共享单车企业开始出现倒闭潮,与此同时,ofo 和摩拜也停止了优惠活动。现在骑一次要一块钱,超过一定时间则要两块钱。难道共享单车行业真的走向穷途末路了吗?

我曾经调研过小蓝单车,发现了一个现象:如果维持骑一次一元的价格,共享单车企业能够实现较为可观的盈利。但是,各个品牌在初期抢占市场时,都会提供很多优惠,借此来培养用户的消费习惯,所以不会维持一个统一价格。在一到两年的用户消费习惯培养之后,用户往往会将共享单车作为短途出行首选方式。当整个市场的用户习惯养成后,正式厮杀便开始了。头部企业将会把腰部、尾部企业全部挤出局。最终,仅存的几家头部企业会全面占领市场,取消优惠,共同提价,从而获得稳定收入。

基于以上逻辑,我拒绝了 VIPKID。

目前 VIPKID 每节课的可变成本远大于课时费,处于亏损之中,其目的是培养家长们的消费习惯,营造出小朋友们学英语都得上一对一或者小班、聘请北美外教的氛围。

除了 VIPKID,新东方和好未来也在 K12 领域布局,但两家巨头始终没有真正出手。我认为他们在等待,利用 VIPKID 吸引资本入局,培养消费者习惯,一旦教育市场的任务完成,战争会立刻打响。新东方和好未来都在等待 VIPKID 检验市场的结果，观察一对一模式在成本控制上的可行性，他们拥有品牌优势和资金优势，将来市场争夺战一旦打响，依靠融资抢占市场的 VIPKID 会难以招架，它背后的投资者会持续陪跑从而帮它对抗新东方和好未来吗？我认为不会。

有些领跑项目，在本质上只是探路者，它们能够培育市场，但未必能长久生存下去。因此，我们投项目时除了看营收，还要看故事的持续时间。如果项目故事还能讲三轮，那才可以考虑。

从宏观层面看职业教育的机会

中国是全球教育情况最复杂的国家之一。

新中国成立之前，中国社会流行的是"师徒制"教育，这种教育模式在中国根深蒂固，也导致纯西方教育模式，尤其是类似于德国职业教育的模式在中国走不通，这是文化差异决定的。改革开放之前，中国走的是"苏式"教育道路，也就是应试教育。2005 年以后，中国效仿美国，开始走素质教育道路。因此，当前中国教育体系呈现出复杂奇怪的状态，职业理念教育与职业文化教育缺失，并且严重缺乏未雨绸缪精神。

中国的高中生知道要考清华北大，知道要考什么样的大学，却不知道该考哪个系、哪个专业。

大学生同样有困惑，我们通过一些调查发现，越是名牌院校毕业的学生，对未来规划越不清晰。为什么？因为他们面临的选择太多了，反而不容易做决定。他们需要有人指导自己该做什么，未来的方向在哪里。相比之下，普通大专院校毕业的学生，目标反而很清晰，学的是什么专业将来就从事什么职业。

这两年考研的学生也很纠结，在职研究生和专硕、学硕考试合并了。考试变化反映了国家政策导向，即大学依然承担通识教育的任务，培养有素质、有认知、有思想的人，而专业人才的培养则会放到硕士层面，所以3～5年后，准备考研的大三大四学生都会很迷茫，读专硕还是读学硕？在职读还是脱产读？国内读还是国外读？届时职业规划和职业教育行业的机会就出现了。

我的侄子是00后，2018年刚上大一，他学的是金融专业，但是对计算机非常感兴趣。他无法在自己的专业和兴趣之间找到交集，我告诉他量化分析师这个职业非常适合他，既满足专业又满足兴趣。00后很有意思，他们不把专业当成一生的事，又希望专业和兴趣结合。所以未来职业教育公司可以尝试开展职业规划业务，并将目标客户向低年龄层发展，帮助那些刚上大学的孩子规划职业路径。

早期职业陪伴教育能够发挥三种作用。

第一种是认识自我，包括对于自我发展认识、对于自我能力认识以及对于自我处境认识。

第二种是认识资源，大家在择业之前，除了要判断自己的能力，还要分析几种资源。首先是对家庭能撬动的资源的认识；其次是对学校与社会建立的资源的认识。清华校友会就是一个代表，清华的学生不存在找不到工作的问题，只要在群里发一个消息，师兄师姐们就肯定能帮忙找到工作；最后是自我其他领域资源的认识，比如某个人很帅或很漂亮，这也是一种资源。

第三种是认识环境，包括对于宏观就业情况认识、对于自身小环境的认识以及对于未来发展的认识。

如果有哪家职业教育机构具备发挥以上三种作用的能力,我会很感兴趣。

招生是教育项目的核心环节

观察职业教育市场要看供给端和需求端两个部分。我认为中国职业教育市场所有的需求都属于应激性需求。有人要找工作、要实习,就会去招聘网站看看。有人要考注册会计师(Certified Public Accountant,CPA)、特许金融分析师(Chartered Financial Analyst,CFA),就会报个学习班。K12领域里为什么能跑出新东方、好未来两大巨头?因为学生们的目标和规划特别清晰:高考时要考什么样的大学、考多少分、需要补习哪些科目,大家都非常清楚,学生和家长都知道在哪个时点该做些什么。需求清晰,对应的市场也会清晰。好未来只用了几年时间就跑出来了,这是市场特点和消费者特点共同作用的结果。

供给端方面,中国没有一家企业像苹果公司一样会告诉消费者"你需要什么",苹果公司会创造消费者需求,在软硬件方面带来的是一场革命。而在中国,如果过你想学CPA,购买课程,机构不会告诉你该不该学、怎么学,它只会鼓励你买课,告诉你买什么课,大家都是零售式供给。我曾接触过一家上海的IT培训企业,当时给它提出了一个建议:不要只做IT培训,否则永远融不上资,不如去做IT人才职业发展规划,除了卖课程,还要卖方案。这样讲出来的故事就不一样了,企业在为中国创造出一批具有思想、认可未来的人,这样的企业找融资就会更轻松。

我在观察国内教育项目时,如果得知项目创始人来自美国高等学府，基本不会投。因为中美两国教育文化差异太大，有些项目概念很好，在美国市场情况也不错，但他们不理解中国市场，在国内发展不起来。所以大家在看教育项目时，一定要看创始人是否具有中国本土属性，是否了解中国人的消费习惯。

教育类项目和制造业项目有很大不同，如果大家投教育类晚期项目，一定要看创始人的格局，考察创始人对行业的认知以及对行业未来发展的判断，将来不论是被并购还是上市，他的故事一定要被二级市场认可。

我在考察教育类项目时，除了看业务内容，还会看业务渠道，也就是招生能力。一家公司可能专业实力很强，但是没人认识它，招生情况不好，那就没有意义。相反，业务能力不强，但招生情况很好的机构同样值得关注。在教育项目发展中，招生属于核心环节，现在哪个项目能保证解决一万生源和每年20%的增长，哪个项目就值得投。我接触过一家做幼儿园培训的企业，主要业务就是教幼儿园招生，现在规模非常大，而且是超级轻资产。

教育领域没有太大壁垒，一家企业能做的大家都能做，关键在于如何让这家企业的目标客户看到企业并且产生消费意愿。教育项目的发展基于一种信任，当大众对某一品牌建立信任后，会很轻松地认可这一品牌推出的新产品。我是80后，新东方伴我成长，我是它的学员，认可它的品牌，当我有了孩子之后仍会认可新东方。这也是我认为新东方和好未来能把VIPKID挤出局的原因之一。

杨洋 教育产业研究新锐。中国人民大学经济学硕士，才思教育联合创始人，51教育科技公司联合创始人，中植启星产业研究员（教育），高级投资经理，新东方企业发展战略研究员，对本科、硕士等升学规划以及早期教育企业创业均有深入研究。

4.4 未来取代招聘平台的将是提供职业培训的知识付费平台

■ 曾舒煜（实习僧 CEO）

我们公司叫实习僧，这个名字有两层含义。第一，实习本身是一种实践。大家每天进行的工作都是实践行为。虽然我已经工作很长时间了，但我依然觉得自己在实习。第二，"僧"代表着一种修行的概念，每个人都需要修行，每位员工在职场上都是一名大号的"实习僧"。

实习僧把大学生和已经毕业两三年的人定义为年轻人，我们的工作聚焦于这些年轻人，目前已经成为全球最大的年轻人成长平台。截至 2017 年年底，实习僧已拥有 600 万位学生用户和 10 万位企业用户，而且企业用户质量都比较高，世界 500 强企业覆盖率超过 70%，国内 500 强企业覆盖率达到 90% 以上。

留存率低是很多招聘平台面临的问题。实习僧主打"实习"场景，致力于满足大学生从大一到大四的实习及相关需求。运营两年来，实习僧的两年留存率大约为 38%。用户留存时间越长，平台就越有机会挖掘出用户真正的痛点，解决这些痛点将成为实习僧持续发展下去的动力。

实习僧希望把学生的就业和成长连接在一起。通过观察学生在求职过程中的不足，实习僧向他们提供方向精准的培训，学生接受培训后获得了能力的提升。现在依靠人工智能技术，实习僧可以很轻松地为这些年轻人提供类似的服务。

传统教育和未来的岗位需求之间存在矛盾

传统教育存在问题。

第一，传统教育追求知识的传递，属于填鸭式教学。有一本书叫《智能机器的未来》，里面有一个观点：再过十几年，机器基本上会将市场上的基础岗位全部取代，人需要具备和机器相处的能力，这种能力是传统教学无法提供的。

第二，传统教育属于标准化思维。现在大家都是社会大机器上的一颗小螺丝钉，在小学、高中、大学可以接受标准化思维，但是未来将是一个多元化社会，标准化考试不再适合每个人，届时传统教育的弊端就会显现。

目前职业教育偏重于培养知识和技能，但是未来人才的培养需要追求 4C 模型：Critical Thinking、Communication、Collaboration、Creative Problem Solving，即批判性思维、沟通、合作、创造性解决问题。知识与技能是显性能力，4C 则是隐性能力，就如同漂浮在海上的冰山，隐藏于海面之下的部分真正决定了这座冰山的规模。

年轻人需要保持好奇心，不断培养自己的 4C 能力，获得进步。绝大部分企业 HR 都并不认可求职类培训，求职培训会告诉学生如何求职、面试、兼职，HR 们认为这是"化妆"，治标却不治本，想要在一个企业长久工作下去必须依靠良好的独立思考能力、沟通能力、合作能力和创造能力。

未来教育：学历价值降低，个人能力凸显

未来，学历价值会越来越低。为什么？现在是一考定终身，这"一考"在中国是"高考"，在美国是学术能力评估测试（Scholastic Assessment Test，SAT），考试成绩决定学生去什么样的学校。但现在美国教育体系正在改革，已经推出了颠覆标准化考试的 New Mode 体

系,全美280多所高中已经加入,中国教育改革研究会也在模仿。

New Mode体系会具体确定学生的个人能力,包括独立思考、沟通、合作、创造等能力,它会根据学生的能力给出一个成绩单,成绩单包含学生在高中三年时间里每一个任务、每一项作业、每一个项目积累的数据。学生完成了一个老师布置的任务,老师给出一个评价,比如该学生创造能力比较强或者思考能力比较强。现在北大附中的一个学院正在开发适合中国的New Mode体系,而且采用了当下最受关注的区块链技术,每一项作业、每一个任务都是一个区块链,保证每一位老师的评价信息都可以输入,最终为每一位学生生成一个动态成绩单。让每个人差异化、个性化的能力凸显出来,学历与成绩将不再是唯一的评价标准。

教育的本质是什么?陶行知有一句名言:社会即学校,生活即教育。实践是教育的核心。未来教育会回归到人本身,并且将呈现几点特征:第一,多元化实践;第二,美国正在实践的New Mode体系,本质是一个电子档案,未来档案会采用区块链技术;第三,不使用标准化成绩,不再用统一分数区别学生,而是采用勋章体系,通过勋章证明学生某方面能力较强,现在有些企业就在找某方面能力比较强的人。

实习只是入口,培养能力才是关键

教育一定是自下而上的。虽然在国家层面,教育是自上而下的,但一个自上而下的体系做出改变是很缓慢的。每个人都可以点燃和改变一部分人,培训机构或招聘网站如果想承担教育的使命,一定要讲究结合。

"实习"只是实习僧进入市场的一个切口。我们在不到三年时间里拥有了 600 万位用户，2019 年预计会突破 1200 万位。在市场占有率方面，211、985 大学的实习生群体中有一半都是实习僧的用户。

实习僧当前的目标是构建完善的大学生职业生涯成长生态，将整个平台变成培养大学生职业技能、社会认知的竞技场。就像是一场奥林匹克盛会，每个人都有自己的专项，实习僧会让各种勋章、数据、高校、企业都参与进来。

那么实习僧会采取什么方法呢？

第一，实习僧拥有很多企业资源，现在平台上有十万家企业，留存率为 95%。这些企业除了提供实习或校招机会，还会提供各种实践任务，比如特斯拉要在中国批量开店，招募一批销售，但他们并不想把岗位定位为销售，而是要具有审美和科技思维的专业顾问，这就是一个新的工作场景。其他企业同样如此，输出职位之后还会输出一些实践，实习僧可以参与打标签，在简历以外的维度去探讨。再举个例子，现在很多企业都有一个痛点，就是它们非常喜欢招"怪咖"。比如腾讯，一年收十万份简历，但仍感觉错过了一些人才。可能有些学生的学校不是 985、211，但他们在大学里很优秀，某方面能力很强，那么业务实践就能甄别出这样的人才，尤其是学校和成绩不是那么优秀的学生。

第二，实习僧在和不同企业合作过程中，也在研究各个新经济领域和技术带来的人才缺口，通过设置课程以及与第三方合作的方式建立一个培养体系。根据实习僧平台统计，目前需求量最大的岗位是商业分析师和数据分析师。在人工智能领域，算法研究员和数据标注员的岗位需求量最少，而数据分析师的岗位缺口非常大。数字营销、新媒体方面的人才需求也在持续增加。大学难以满足这些需求，因为大学响应社会需求开课、培养人才，需要至少三到四年的周期。

实习僧内部做过讨论，未来能够将公司取代实习僧的一定不是另一家招聘网站，而是像"得到"这样的知识付费平台，它积累了大量清华北大优秀的教师资源，如果将来按专业设置了各种课程，年轻人就不需要到实习僧的平台上找工作找实习了，企业直接下单培养人才就可以了。与其等别人颠覆，不如主动出击，实习僧在2017年成立了前辈学院，现在已经有一些课程，相对知识付费平台，实习僧的优势是有很多实践任务可供参与。

00后马上要上大学了，他们是一个安全边际特别强的群体。我见过2002年出生的学生在区块链开发上做得比北大清华的学生还要好，所以优秀的00后已经开始进入社会了，他们的需求是非常多元化的，但成长是永远的核心。实习僧希望陪伴他们一起成长，一起做一些勇敢的事，所以实习僧把自己定义成一个竞技场、一场盛会，拥有不同实践的机会。不要每个人都变成一样，要每个人不一样，这样学生们才能找到合适自己的机会。

曾舒煜　实习僧CEO。拥有12年校招和实习领域行业经验，专注于大学生就业成长和企业招聘实践，曾为上百家世界500强公司及国内各领域龙头企业规划并实施招聘和雇主品牌落地，支持企业人才战略发展。

第 5 章　零售新局

5.0　新零售的本质是一场成本革命

■ 李江（变革家合伙人）

"这个项目这么高的成本，活不了几年"，这句话可能是我们在投资决策会上说得最多的话，变革家是我和龙真共同创办的股权投资决策平台，专注于股权众筹投资第三方分析和新零售方向的直营店单店股权投资。

变革家本身的主营业务是通过投资品牌直营店分红获利，所以变革家比风险投资机构更加在乎单店的利润率和稳定性。因为寻找项目不易，所以变革家也更加在乎项目合作的潜力，也就是市场存在的潜在体量是否足够大。

新零售本质上是流量成本变革

零售行业准确来说是一个非常传统的行业，之所以开始被资本关注，主要是因为线上流量成本太贵，已经远远超过了线下开店的一次性投入成本。

在我们与一千多位新零售领域的创新企业创始人聊天之后发现，这些搅局者大多数是从互联网领域杀出来的从业者，他们用流量思维去重新定义一个新行业的成本结构。

比如说传统餐饮行业很大程度上依赖选址，跟着房地产红利走。但是随着房地产红利的消失、房租和人工的上涨，利润已经远远支撑不住逐年上涨的成本。而外卖的崛起对于外卖品牌来说其实是另外一种"线上地址"，抢占的是品类，以及用户对于品牌的认知。尤其对于快餐行业来说，外卖带来的影响是冲击性的。

变革家在投资新零售方向的企业的时候，其实也是流量逻辑，选择被低估的流量，然后选择在流量场景内的企业进行投资合作。

比如外卖对应的快餐行业；比如大众点评或美团对应的线上预约搜索行业；比如存在于购物综合体内的新型零售行业。

总而言之，新零售企业需要寻找新的流量洼地，降低获客成本，重塑消费认知。

新零售渠道背后的渠道变革

在新零售领域存在很多角色，其中渠道商是一个最重要的角色。尤其是在快消品领域，一个产品的销售路径需要经过厂商、一级经销商、二级经销商、三级经销商、终端等多个渠道。每一个渠道都在其中起到了关键的作用。

在新零售的投资方向上，基本的投资方向分为品牌赋能、渠道赋能、终端赋能、场景重塑。

品牌赋能其实更多是一些创新型的品牌，比如白酒行业的江小白。用一群人定义一个品类，这个在传统白酒行业是叛逆性的，同时在品牌塑造上，更是将大把资金投资到电影、动漫等方面做新品牌形象塑造。好的品牌能降低渠道的说服成本，也会让品牌走得更加持久。

渠道赋能也分为两个方向，一个我称为革命派，比如阿里的零售通，自身就是大经销商，有能力直接从品牌方那里直接拿货，本质上是去二批商。另外一种我称为服务派，比如万超帮，通过为品牌的经销商提供统仓统配服务，帮助品牌商提高经销商的经营管理能力。这两派都有价值，是品牌商想找大渠道，但是又怕受制大渠道的结果。

终端赋能是2017年在新零售方向投资的热点，也是变革家在单店投资上最关注的方向。这个方向包括无人咖啡机、无人按摩椅、自助KTV、无人便利店、团课健身房。终端是所有链条的终点，最终面向消费者。终端变革的企业都希望在终端上获得话语权。

场景重塑这个词大家可能都很陌生，那是因为在新零售领域都是巨无霸一样的企业在横行。比如阿里的盒马鲜生，重塑一个消费场景，通过重塑消费体验和场景，联合各种连锁企业重新为新消费场景赋能。

新零售行业与互联网行业差异很大，需要对成本足够重视。在变革家调研的很多新零售品牌中，大多数问题都出现在成本结构上。单店模型不够清晰，收益率低，一旦某一个环节出现问题，结果往往是毁灭性的。

李江 变革家合伙人，科方基金创始合伙人。主要对连锁直营品牌进行门店财务投资（在全国已投资60家门店），也投资天使轮阶段消费连锁品牌。

5.1 投了近 200 个案子,我收获了 28 条投资认知

■ 吴世春(梅花创投创始合伙人)

梅花创投的投资理念是帮助聪明的年轻人成为伟大的企业家。

过去十几年,中国经济发展很快,很多领域的项目经历了从无到有的过程,而且项目数量仍在不断增长,接下来需要的是更多创新,需要实现"从有到优"。

新经济和 TMT 领域是梅花创投主要的关注方向,在一个公平的社会中,财富应该被勤奋的年轻人创造、再分配,这两个领域的项目能够给有梦想、有野心的年轻人改变和逆袭的机会。每一个年轻聪明的大脑都是一个富矿,所以梅花创投重点发掘年轻人,挖掘他们的创造力和脑力。梅花创投认为,只有在年轻人最需要帮助的时候下注才能获得最好的回报。"大掌门"这个项目的创始人就是几个年轻人,当时他们急于获得支持,梅花创投把握住了这群年轻人最渴求帮助的时机,给他们投资了四十万元,最后获得了六亿元的回报。

梅花创投认为一个企业的价值主要在于团队。这里有一个判断公式,如图 5-1 所示。

图 5-1

一流的团队遇到三流的方向也能做出二流以上的项目。三流的团队遇到一流的方向,包括一流的资源与充足的资金,最后也只能得到

四流的结果。创投行业里四流的项目很多，它们融了很多钱，拿到了很多优秀的资源，但是依旧没有成功，问题就在于团队。

所以梅花创投认为，一个企业90%的价值体现在团队上，而一个团队80%的价值体现在创始人身上。

新经济的核心是人，是优秀企业家。大家在投资时最重要的工作就是找到优秀企业家，因为一个企业只能在企业家的思维空间里成长，团队的天花板是由创始人学习、认知的能力的强弱决定的。在一个项目中，商业模式、经济模型等内容都是可以详细分析和计算的，甚至当投资人去尽职调查（DD）的时候，企业可以把全部账目做得特别好，但唯一不可以计算的是创始人的成长潜力，这是无法通过财务模型分析得到的。

一个企业的创始人必须不断打破他的思维上限，开发自己的成长潜力。只有找到优秀的创始人，这个项目、这家公司才会有发展价值。

一个企业家必须知道"大钱"在哪里

要成为一个优秀的企业家必须培养四大特质：眼界、格局、心态、内心。

一个优秀的企业家首先需要有开阔的眼界。

眼界分为三种。

第一种是产品眼界。创业者要做出能够让用户尖叫的产品，要清楚地知道市场的标杆在哪个位置。在创业的过程中"眼高手低"不是一个贬义词，一个创业者或者首席执行官（CEO）就应该眼高手低，他应该知道好的产品是什么样、在什么地方，然后找到它并且积极地做出这样的产品。

第二种是商业眼界,一个企业家必须知道"大钱"在哪里。一个企业家首先是一个商人,商人就应该理解市场需求,理解人性。梅花创投在接触项目时发现,优秀的创始人往往知道"大钱"在什么地方。

第三种是资本眼界。创业者要理解不同资本的风险和成本,对资本市场要有持续的认知,努力让资本成为伙伴。市场不缺钱,当创业者了解了相应的风险和诉求,资本就成为了伙伴。

"趣店"是梅花创投在 2014 年投资的一个项目,它的前身是大家非常熟悉的趣分期,创始人叫罗敏。这个项目在一年内获得了四轮融资,梅花创投由此获得了千倍回报。在我看来,罗敏就是一位眼界非常开阔的人,他知道好的产品是什么样子,知道"大钱"在什么地方。中国商业领域里最好的赛道就是金融赛道,虽然监管众多,鱼龙混杂,但是好的项目和产品依然能够走出来。罗敏看到了这个机会,把"趣店"做成了中国最大的金融服务零售平台。现在蚂蚁金服是"趣店"的第一大股东,并且给它提供了庞大的用户市场,大家在支付宝平台上就可以看到"趣店"的入口。这个项目已经成为创投界的一个经典案例。

类似的案例还有梅花创投所投的"悦动圈"。开发"悦动圈"的悦动天下科技公司曾被评为深圳十大创新公司之一,和它一起被评选上的还包括华大基因、柔宇科技等公司,作为一家开发 App 的公司,能够获此殊荣,非常不容易。这个产品在设计上要比市场上的同类产品好很多,所以广受欢迎,目前有 7000 万位注册用户,700 万位日均活跃用户,并且已经开始盈利。2018 年"悦动圈"获得了两亿元 C 轮融资。

"小牛电动"是我和几个投资人一起发起倡议成立的一个项目。当时我们讨论市场上还有哪些领域可以像小米一样发展起来,最后觉得电动车领域还有打造自主创新品牌的机会，在这个背景下，我们决心做全世界续航里程最长的电动车。"小牛电动"在京东众筹上两次打破全国产品众筹总额的纪录，现在已经成为中国最大的中高端电动踏板车品牌，并且每年有10%的产品销往欧洲，在中国售价是六七千元一台，在欧洲则是18 000元人民币一台，在欧洲卖一台相当于在中国卖两台。"小牛电动"在2014年成立，2015年销量就达到了10万台，可以称其是中国制造业的一个奇迹。

在新媒体领域里，汽车类的媒体最容易获得广告收入。"有车以后"就是梅花创投所投的一家汽车类新媒体项目，这个项目包含几个微信公众号，包括"有车以后""一起去SUV"。创始人曾在《羊城晚报》汽车板块工作，对汽车和媒体都有十分深入的了解。这几个公众号目前的总用户数已经达到了1000万人次，相当于移动领域的汽车之家，预计两三年之后的年利润能够达到二三十亿元。

一个优秀的企业家必须培养的第二个特质是合作的格局。

合作的格局主要分为两个层面：第一个层面是创业者要知道哪个地方有牛人，如何找到这样的牛人；第二个层面是创业者要怎样用好这样的牛人，最重要的是如何在找到牛人后说服他和创业者一起共事。

创业者要通过各种各样的渠道去认识和挖掘相关行业领域里的大牛，通过个人魅力和利益机制吸引大牛加入团队。想要做到第二个层面非常不容易，因为大家都知道要找牛人，但是牛人喜欢和同样优秀的人一起工作，如果创业者的认知不能和牛人达到同一水准，这样的对话肯定不会在同一个频道，创业者既无法慧眼识英才，也无法吸引牛人加入队伍。

牛人加入团队之后，创业者要确保能够用好他，要创造舞台，能让他发挥最大的价值。而且面对牛人，创业者不仅要讲情怀，还要注意利益的合理分配。有些创业者虽然能找来很多有真本事的人，但是没有把舞台或者利益机制设计好，花费了很高的成本却没有让这些牛人发挥出应有的价值。

关于合作的格局，梅花创投总结了一个"三慢两快"原则，即创业初期花钱要慢，高管人员的增长要慢，分股份要慢，探索盈利模式要快，产品迭代要快。

梅花创投投资的"蜜芽宝贝"是中国最大的跨境母婴用品电商，这家公司最新一轮融资获得了百度领投的1.5亿美元。"蜜芽宝贝"的创始人叫刘楠，是一位女性创业者。刘楠组建团队的能力很强，创业之初把原来乐淘、京东的厉害人物挖了一个遍，最疯狂的时候，她就在人家公司楼下等着挖人，凭借着这股劲头，刘楠打造了一个能力很强的团队。

"趣学车"是我在老家赣州发现的一个互联网驾校项目，以"互联网+"思维对驾培行业进行O2O模式创新，优化了传统驾校的学车服务与体验。目前"趣学车"已经进入全国三十多个城市，有很多驾校都愿意和它展开合作。这个项目在成立不到一年的时间里完成三轮融资，创始人刘伟俊手下有七个曾经做过创业公司CEO的人，这些人愿意在他公司做高管，这非常难得，也间接说明刘伟俊拥有合作的格局，善于发现牛人，也知道如何用人。

第三个特质是要有一个开放的心态。中国科幻小说领域的巅峰之作《三体》中有句话："弱小和无知不是生存的障碍，傲慢才是。"曾国藩也有一句名言："天下古今之庸人，皆以一惰字致败；天下古今之才人，皆以一傲字致败。"这两句话都在说一个道理：一定要避免小有成就之后目空一切。创业者要迫使自己不断跳出舒适区去磨炼和学习,在开放的心态中不断提高自己的认知能力。很多人在创业早期做成了一个项目,觉得自己找到了这个领域的法门,再看其他项目的时候就会用非常简单的思维去考量。但是这是一个日新月异的时代,两年前的成功经验未必适合现在的市场。这也是很多传统企业家遭遇困惑的原因,他觉得过去十年自己经过打拼取得了成功,现在却步履维艰,不明白为什么。梅花创投观察了很多案例,有的创业者辛辛苦苦、兢兢业业打拼了十几年,在某个领域里拥有一定成就,却在一两年内就遭遇非常大的事业滑坡,究其原因,是他的认知跟不上了整个时代的发展。

我非常欣赏一句话:一个人成熟的标志在于他能为认知买单。现代社会的变化在不断加速,如果你的认知不能跟上时代的发展,这种买单的成本就会越来越高。不开放自己的心态就无法向外界学习,无法接受新事物、新观点。

让自己的认知跟上时代的步伐,创业者需要做到以下几点。第一,不被传统的管理模型所禁锢。最重要的不是制订执行计划,而是制订认知计划、学习计划。第二,不被最初的方向所禁锢。只要创新在加速,市场就不可知。腾讯原来是做 QQ 的,然后在微信上投入了很多,现在又凭借王者荣耀赚了很多钱。腾讯不可能在初创之时就把这些计划好,所以原来的创业计划书往往是错的,一个企业不能被自己的成就和经验所禁锢。一个企业要有经验,但不能有经验主义,经验主义是创业和投资的大敌。达尔文的"适者生存"理论在商场依然适用,环境在不断变化,恐龙适应不了就灭绝了,蟑螂适应得了就生存下来了。

"赤子城"是梅花创投所投的一个移动出海的项目。这个项目目前在全球拥有七亿位用户,它的 Solo 桌面是全球排名第一的第三方桌面产品，并且成为了很多中国互联网产品出海的一个接口。"简单、极致、谦卑、箭速迭代"是他们奉行的企业文化，谦卑是他们创始人的一个特质，拥有谦卑才会保持相对比较平稳的心态，延迟成就感，避免让自己活在满足感之中。

"福佑卡车"是梅花创投在 2014 年投资的项目，它现在已经是中国最大的城际整车运输的互联网交易平台，2018 年刚刚完成君联资本领投的 2.5 亿元 C 轮融资。这家公司的创始人也是一位女性，她找到我们之前，这个项目已经有所成就，她当时比较迷茫，不知道自己事业的突破点在什么地方。当时我告诉她："你现在做的地方（华东）是整个中国范围内很小的一片区域，你可以把很多地方的资源整合起来，服务整个中国物流市场。"我们现在每三个月见一次面，每次见面交流心得时，都会发现她有新突破，整个人一直在进步。

第四个特质就是需要有一个强大的内心。优秀的创业者是那种站在半山腰上的创业者，自我驱动力强，拥有攀至巅峰的大机会。越战越勇，创业者才会越来越成熟。面子是自己给的，不是别人给的，面对冷嘲热讽，保持最初的梦想和信念。

"花点时间"是梅花创投最近投的项目中增长最快的一家公司。梅花创投 2017 年投资的时候，它每月的营业额只有 20 万元，现在每月的营业额是 4000 万元。这家公司的创始人也是一位女性，心理素质非常好，目前云南有一万多亩的花卉生产基地在给她供花，最近她又和位于荷兰的一家全球最大的花卉供应商达成了战略合作。

"有书"是梅花创投投的一个知识付费领域的公司。梅花创投 2017 年投它的时候，它每月只有 5 万元的广告收入，到 2018 年它每月的广告收入已经达到 1000 万元，月盈利超过 500 万元，已经达到了可以上市的要求。知识付费也是最近比较大的一个浪潮，这个领域的公司梅花创投投了好几家。

"可爱学"是梅花创投投资的一个消费升级领域的项目。它是传统小饭桌项目的升级版本，"可爱学"把一个四五百平方米的房子改造成食堂、宿舍、课堂等几个功能区综合起来的标准化空间，给孩子们提供干净放心的吃住和学习环境。目前它的用户留存率是 98%。这个项目的创始人陈远河是客家人，非常能吃苦。

梅花创投认为，如果做投资只提供钱，是一种耻辱。梅花创投更多时候会成为创业者的伙伴，在他们遇到困难时提供更多依靠，在他们顺利时让他们发展得更好，力争成为创业者的眼睛，帮助他们看到一些趋势和问题，所以梅花创投会给创业者提供各种资讯，利用社群的方式来解决创业者的观念教育问题，并积极成为创业者之间的桥梁，促使他们跟各种资源合作。"趣分期"和蚂蚁金服的合作就是梅花创投推动的。

梅花创投与创始人的关系更像是朋友，任何情况下都会站在创始人一边，与他们互相成就、终身合作！《大掌门》的创始人叶凯后来就成为了梅花创投的 LP，他将来再次创业的话公司还会继续支持他。

在各种资源之间建立连接，超级链接就会慢慢地建立起来。很多投资都发生在小圈子里，而不是路演中，所以只有成为超级链接，创业者才有机会拿到这些好的项目。

吴世春　梅花创投创始合伙人，国内知名天使投资人。入行以来已投资近 200 个项目，明星项目有大掌门、趣店、小牛电动、唱吧、蜜芽宝贝、有书、花点时间等。

5.2 新零售投资热潮下的冷思考

■ 蒋涛（戈壁创投管理合伙人）

戈壁创投内部把新零售概念划归到"新连接"这个范畴。

原来的连接侧重于人和人、人和货物之间的连接，微信和淘宝就是典型代表。新零售是人、货、场的新连接方式，它由技术推动，且用到的数据越来越多。

技术和体验是构成新零售的两个重要元素。技术是基础，戈壁创投在TMT领域投资的行业均以技术为根本驱动元素；体验是入口，任何新零售项目最后展现出来的都是一种体验，这也是目前新零售浪潮中的突出现象之一。

除了技术和体验，效率也非常重要，它是新零售的根本。淘宝和微信大幅提高了人们购物和沟通的效率，所以被互联网改变的东西，其效率肯定得到了提升。新零售本质上要实现对现有商业模式效率的提升，但是，保证体验是提高效率的前提。

新零售创业项目要想成功，技术是基础，体验是入口，效率是根本，三者缺一不可。技术作为基础驱动，商业模式要实现效率提升，体验要比较独特。技术和数据能否驱动生意？能否提供一个良好的体验？能否提升效率？这是戈壁创投希望看到的项目本质。

根据不同行业特征，戈壁创投还会关注一些自己总结的行业要点，比如遇到新零售项目，要看它是不是采取了店货分离形式，有没有提供自助服务，有没有多体验融合等。

2018年，戈壁创投在新零售领域广泛涉猎六个方面：第一，有互联网导流运营能力、供应链管理系统、持续融资能力的创业团队所做的新型便利店品牌；第二，有选品、铺点能力的大型自动贩卖机运营商；第三，为中小客户提供，一站式赋能服务，服务精准客群的供给端创新；第四，能建立新场景化的有价值的零售渠道品牌；第五，可数据化供需双方、赋能存量零售商的技术服务商；第六，零售货品的新品牌。

我要给新零售数据应用泼些冷水

效率的提升基本上是通过改变供应链而实现的。诸如店货分离这些新零售的特性，一定程度上为了效率而牺牲了部分体验。

供应链变革中有很多数据应用都算不上有深度，只是改变了信息的不透明和不通畅状态。模式创新让信息传递变得更为透明，从而对供应链施加影响。通过提高透明度，使数据通畅透明地传达到供应链并加以改善，这是比较简单的数据应用。深度的数据应用，比如一名顾客到了服装店，我们可以了解到这位顾客试穿了哪些衣服、其中购买了哪些衣服，没买哪些衣服，线下的转化率是多少，很多类似的线下数据都可以被收集和应用，就像电商的数据分析。

但我要给数据在实际场景中的应用泼些冷水。

数据的收集和应用是项长期工作，目前很多数据应用脱离场景，脱离效率。相比于线上，线下数据的收集受到很多限制，比如便利店和服装店的备货问题，无法做到线上那般给每位消费者提供不一样的东西，供应链也无法实现这种要求。所以数据一定要和整个线下商业环境相结合，新零售就在试图完成这种结合，判断数据应在某个阶段应用到什么程度。

总之，线下数据和线上数据还是有区别的，应用数据也非常重要,只有当数据和商业模式、线下供应链能力相结合时,才能发挥真正的作用。

我不看好无人便利店在未来的发展趋势

新零售在未来五年内会变成什么样子?

首先,在顾客的消费体验上会发生很多变化。顾客在五年以后去Shopping Mall的感觉肯定会和现在不一样。

其次,我不看好无人便利店在未来的发展趋势。面积类似传统便利店大小的无人便利店没有必要,且效率未必会提升,原因有两点:第一,相较于国外,中国的人力成本并不贵;第二,新零售可以帮助消费者改善体验,而改善体验离不开店员。零售店可以减少店员,但没有必要变成无人模式。线下吸引到的人群不一定像线上那么精准。在线上,店铺可以只吸引某个特定群体,但在线下这件事比较困难,各种各样的人都可以进来,你无法阻挡,部分人群仍需要有人服务,需要有人来解答问题。

自助服务会是新零售未来发展的一个方向,特别是一些需要排队的场景,比如超市或快时尚店。自助服务不会提高店铺的收银效率,但自助服务可以解决排队问题,从而提升顾客转化率。有些顾客可能只买几件商品,不愿排长队,这时就有可能到超市旁的便利店去购买了。服装店也会遇到同样的问题,有些东西对于消费者来说可买可不买,一看到有很多人在排队,消费者或许就不想买了。很多年轻人都有这样的想法,他们不太喜欢与人打交道,不愿意排队,更愿意选择自助服务。

所以增加自助服务后的收益,主要并不是因为人力成本的减少,而是因为原来流失的客户被转化了，这对增加店铺的销售量和利润额有非常大的帮助。但是需要注意的是，自助服务不等于店里没有店员，因为有些顾客需要自助服务，有些顾客不需要自助服务，有些场景需要自助服务，有些场景不需要自助服务，这几种情况都有，所以店员的存在是必要的。

传统零售企业要正视互联网巨头的冲击

传统零售企业都在接受互联网巨头布局的现实。技术驱动是一种潮流，不存在线上和线下的问题。先前分线上线下，是因为互联网还没有冲击到线下。自从O2O概念兴起以后，互联网对线下的冲击就非常明显，包括新零售领域。这是一个大家都看得到的趋势，因此大家都在往互联网方向上靠，就看最后谁能成功转型。

面对互联网巨头的布局确实是一个挑战，传统企业要抓住目前能够看到的新零售特点，包括店货分离、自助服务、多体验融合等。阿里巴巴的盒马鲜生就是一个很好的例子，店面既像超市也像餐厅，满足顾客现场就餐或者购买食材的需求，再加上外送服务，目前看来效果不错。越来越多的商家开始尝试在一个场地里提供多场景体验，比如咖啡店、书店和服装店的融合，这是目前新零售行业的趋势。

我们喜欢有学习能力并且愿意学习的人

戈壁创投喜欢年轻并且有学习能力的团队，有学习能力和学习意愿很关键。年轻人接受新鲜事物的速度比较快，虽然他们阅历浅，可能从没有失败过,但也没有太多束缚,所以往往能够跳出原来的行业局限。

另外,年轻人对行业理解深度常常一般,但是会更多地从互联网和消费者角度考虑行业,这些人往往更容易改变行业。这就是为什么线上年轻人相比线下有经验的传统创业者更有创业优势,但这些优势归根结底是学习能力和学习意愿的体现。虽然年轻人接受新鲜事物的速度快、线上思维好,但是仍有很多欠缺,对线下行业不了解,所以整体学习能力很关键。

优秀的团队在每次融资完成后,看问题的层次和角度都会有提升,这种每半年或者一年提升一次的团队比较容易成功。

戈壁创投也会花很多时间找愿意学习的年轻人。往往在非热门行业,年轻人找投资相对困难,但戈壁创投认为这中间有金矿可以挖掘,所以戈壁创投欢迎有经验的创业者来合作,同时也会自己花精力找金矿。

蒋涛 戈壁创投管理合伙人。主要关注互联网对传统行业改造的相关领域。进入戈壁创投后,先后投资途牛旅游网、车置宝、点我达、UR、农田管家、零号线等互联网改造传统行业的平台。

5.3 新零售不是互联网巨头的专利
■ 强炜(探路者集团前总裁)

零售业是一个相对非常传统的产业。"新零售"这个概念更多是指互联网电商平台与线下零售业的整合。

传统零售和新零售最主要的差别是:传统零售以商品为中心,而新零售以用户为中心。以用户为中心,则要求变产品思维为用户思维，通过追踪、采集用户的消费行为和消费数据，分析用户购前、购中和购后的消费行为，更加细化地刻画用户画像，最终实现售前的可触达、可追踪、可描述乃至可服务的状态。

新零售的产生，本质上是由于天猫等在线零售平台遭遇流量瓶颈，消费者线上购买增速趋缓，在线零售平台需要通过线下消费场景或在不同的消费场景里寻求更大的差异性补充，来获取更为充足的流量来源，以实现用户量的最大化。

传统零售业困境：成本飞涨、模式落后

线上巨头来势汹汹，对线下的产业链确实造成了一定的恐慌感。

线下零售业近几年来受到成本、结构、需求和客流量等多方面影响。店租和人工成本翻倍增长导致零售运营成本大幅增加，其对传统零售业造成的冲击，实际上远大于流量趋缓的困境对在线零售平台造成的冲击。由于运营成本增加，整个零售业的运营商业结构便发生了变化。传统卖场以商场为主导，只是单纯卖东西，消费者体验感较弱，走进商场的动机也相对较弱，假如消费者想买的东西在线上也能买到，而且价钱更便宜，到商场买东西的需求就更弱了。过去物质稀缺，人们在百货商场能找到他们完全没有想到或没有见到的东西，现如今物质极大丰富，人们可以通过更为便捷的渠道搜到且买到所有他们想要的东西。线上交易还可以让商家直接触达消费者，其成本与线下代理渠道的搭建成本相比，要更便宜一些。

线下零售业不但承受着成本飞涨的压力，还受商品结构改变的影响。商品结构布局讲究"人无我有、人有我优"，如今线上商品无

奇不有、无所不包,而且价格更低,这就给现有的线下商品结构造成冲击。线下零售商要推出更加注重线下体验的商品或是只有在线下店里才能买到的商品,或提供比线上零售平台更为便捷、更加优惠的服务,才有可能与线上平台同台竞争。

随着消费者这些年的消费成长和消费升级,他们进入零售空间不单单是去买东西,还经常需要照顾孩子,陪孩子参加学习与培训,于是 Shopping Mall 这种形态应运而生,人们在 Mall 里可以吃喝玩乐,寓教于乐,还可以实现社交。很多服装企业现在都在调整布局,减少在商超的开店数量,同时增加在 Mall 里的开店数量。

过去在线下做买卖,一手交钱一手交货,交易就算结束。现在按照互联网思维,商品递交到顾客手里,服务才刚刚开始,只有通过交易,卖家才能更好地了解买家的购买行为、价值取向、偏好和消费层次等。新零售要义之一,便是要求在大数据的基础之上搭建系统,对客户进行追踪式长期服务。

现代企业一定要高度重视如何更好地利用数据化行为来补充消费者数据体系,对消费者建立起更深、更为全面的认知和了解,进而引导自家产品结构的优化和服务水平的提升。对于服装企业来说,当用户在线上浏览它们的服装产品时,企业就可以将该用户对服装的颜色、款式乃至价格的偏好通过系统后台记录下来,某款服装产品被收藏与预购的数据也能从后台看到。服装商家可以利用这些数据调整其线上销售布局和供应链上的供货情况,一件服装从设计、定版再到生产,至少有三个月以上的周期。如果发现某个款式销量特别好,再去花三个月时间去补货,可能就无法实现这款服饰的销量最大化。只有充分利用数据实现销售预判,才有可能提升供应链的反应速度。

H&M 在补货周期上就表现得很优秀，他们通过综合分析消费者进店后对服装的观看率、试穿率和购买率，迅速补单，两三周之内便可以完成受欢迎服装的批量再生产与销售。对于服装与日用品等零售端产品来说，利用互联网等技术手段来解决效率与效益之间的关系尤其重要。

线下场景需求仍在，职能与价格是关键

场景对于消费者来说永远存在。线上场景的优势在于更便捷，可选择性、可替代性、自由度都非常高，能够非常灵活地进行调整，还有各种比价工具可以使用，这些都带给消费者在线下无法获得的体验。

消费者的线上购买比例虽然逐年提升，但这改变不了消费者对于线下消费场景的天然需求。对于衣裤和鞋子类产品，消费者对色彩饱和度和款式的适合度要求较高，试穿不合适马上就退货，高退货率增加了此类产品的线上销售成本。另外，线上引流成本也越来越高，每个线上店铺不仅仅做店铺陈列，还需要通过内容营销和会员服务等手段吸引客户，从而导致线上运营成本不仅不低于线下，甚至还高于线下。

反之，线下门店如果在消费者体验方面下足功夫，便可以产生高回购率。探路者在北京的二环里有一家门店，店效与坪效在北京同类门店中都名列前茅，店面虽然只有五六十平方米，但年销售额均超过千万元。它的成功秘诀就在于它的周边环绕着高校、医院和社区，从而形成非常稳定的老客户关系，附近居民在这家店里培养了十年以上的购买习惯，每年到一定时间都会到店里选购。

线下场景能够让消费者全面深入地体验产品，对品牌和产品推广的作用非常大。此外，科技进步可以让线下门店可以通过多维手段带给消费者多重体验。装潢、色调、音乐、光线乃至气味都可以营造出一种独特的消费场景，改善消费者进店购物的体验，同时提升消费者对品牌的理解与认知。

消费者最在意的还是价格，尤其是购买服装，如果线上与线下价格差不多，消费者还是愿意到店里去选。

服装品牌根据各自定位，在服务深度与广度上各有不同。走高价位路线的产品要寻求和客户之间建立长期稳定的合作关系，从而实现高复购率，线下门店在这方面有天然优势；走亲民价位的产品要解决的是销量和规模的问题，从而实现高覆盖率，这就要在线上加强营销力度。价格高的货品的线上交易量很低，几乎可以忽略不计。

中老年群体的购买力被忽视了

户外品牌的消费者群体大致可以分为三类人。第一类是中老年人，他们有钱有时间，喜欢爬山和徒步等户外和轻运动项目。第二类是以亲子和家庭为主导的消费群体，现在越来越多的家庭选择周末出游。第三类是相对专业和小众的户外运动爱好者。这三类人里，中老年人群占到总人数的一半以上。

虽然老年人对于互联网技术的应用程度没有年轻人那么熟练，但现在很多子女都习惯在网上给父母买户外装备。过去探路者对中老年群体的重视程度非常不够，总认为商品要年轻化才有更好的未来。现在看来，老年人的购买力和消费意识强得很，对于健康和运动的消费需求在不断增加，对产品的要求也越来越高，他们这一代人对于户外运动的专业性理解得并不深，但他们对于户外产品的舒适度、应用场景和使用频次有更多特殊需求。另外，不愿意在户外产品上投入太大，而是希望买到性价比更高的东西，这是老一代消费者的共性。他们对于衣服和鞋是否美观并不是那么在意，而更在意穿上后舒不舒服。所以探路者在针对中老年群体开发相关产品时，会在鞋子和衣服上适当放一放码。

私人定制：线上数据采集跟不上消费者变化

消费者对于服装的需求比较多样化，数据采集难度很大。

服装首先要合身，消费者选择衣服，通常会在意其尺寸、面料、款式和颜色等核心参数。衣服不但要合身，风格也很重要：有的人个子矮，但喜欢穿宽松的；有的人比较胖，但喜欢穿紧身的；有的人腿短，但喜欢穿上身长的衣服。除了合身与风格，衣服的搭配和着装应用场景也是决定消费决策的要素之一，消费者个人的情绪和心理等随机性因素甚至也被包括在内。

服装的私人定制可以通过互联网信息技术实现对消费者身高、体重、臂长、肩宽等身体数据的跟踪与采集，但是消费者心理上的变化变得更快，心理需求的难以捉摸和难以控制，给服装的定制化服务带来了一系列挑战。

定制是一种服务，优质的定制化服务需要裁缝上门交流，面对面了解客户的偏好、品味、服装穿着的场景、需要体现出来的内在气质和外部身份，裁缝根据这些信息，对客户做专业介绍，引导其了解与发现自己的需求和定位，然后尝试帮助其找到最适合的风格，这些都是光凭线上采集实现不了的。

商品的变革取决于技术。技术能够帮助企业更为清晰、便捷地理解消费者和市场环境，辅助决策。现在有些品牌利用当下的大数据与算法帮助越来越多用户理解、把握和决定自己的个性化搭配，品牌通过输出更多专业知识和延伸服务，改善消费者对定制化的认知障碍，逐步完善处于早期阶段的定制化不太理想的体验。

服装行业发展离不开技术推动

今后互联网技术在服装行业的渗透将更加充分。

第一，对市场变化的快速反应依然会是核心命题。春夏秋冬，每个商品的销售季不超过三个月，三个月内能否快速补货很关键。互联网技术的介入能够让供应链形成一个快速反应机制，这是未来服装行业发展的亮点与升级之处。

第二，定制服装、定制鞋依然会继续发展，而且同样会从技术中受益，发展势头会越来越好。

第三，消费者在线下门店的体验会越来越好。比如采用人脸识别技术，可以轻松判断出新老顾客，有利于数据收集与分析。老顾客来店里消费，商家可以了解到他在过去一年中参加了多少次户外活动、喜欢哪类运动、专业水平如何、需要哪些类别的产品等。一旦了解了这些情况，商家就可以给消费者提供更为专业化和个性化的服务，从而与其产生一种长期、稳定的关系。

强炜 探路者集团前总裁。先后担任奥美体育事业部总经理、乐视体育首席营销官和探路者集团总裁等职务，北京奥组委、广州亚组委官方顾问，是国内体育产业领域内有影响力的专家型企业品牌管家。

5.4 新零售的投资机会：数字化仓配与资源上云

■ 叶志荣（资深互联网商业顾问）

新零售的出现与我国当前的经济形势和零售业的演变有着密切联系。

从宏观角度看，投资、出口和消费是拉动经济增长的"三驾马车"。目前投资领域正在去杠杆，因为它对经济增长的贡献已不明显，而我国的出口增速也在放缓，因此，消费成为了拉动中国经济增长的领头羊。在2018年亚洲博鳌论坛上，政府高层也传递出了要扩大内需的信息。另外，2018年11月，首届中国国际进口博览会将在上海举办，侧面反映了国内旺盛的消费需求。

从零售业自身的演变来看，线上线下深度融合已成趋势，阿里巴巴先后收购高鑫零售和饿了么就是最好的证明。零售业很难再被分隔成为线上和线下，于是大家以新旧区分不同商家。

零售业面临的变化

想要判断新零售中的投资机会，首先要了解中国零售业面临的时代变化，这种变化主要集中在三个方面。

（1）量变，中国零售市场规模即将超过美国。

直到今天，中国的零售市场中还存在着大量的非品牌或者非品质的商品。举个例子，如图5-2所示，中国鞋服批发市场中销量最大的"品牌"是"Fashion"和"Sport"，这并不是两个具体品牌，而是对印有这两个单

图5-2 印有"Fashion"字样的运动鞋

词的无品牌鞋服代称,这类鞋服在国内的销量非常大。

这些非品牌商品的存在,让中国零售业拥有持续更新的空间。拼多多、云集、名创优品等品牌的成长,就得益于它们可以在这种空间内为三四线城市的消费人群提供新的商品结构。

在此次量变中,还会有许多新品类、新品牌和新产品出现。

(2)质变,即消费升级。

2013～2017年全国居民人均可支配收入及其增长速度如图5-3所示。

图5-3　2013～2017年全国居民人均可支配收入及其增长速度

尽管全国居民人均可支配收入在不断增长,但我们必须认识到,消费升级是分层进行的。对于吃方便面的人来说,能吃到一个自热小火锅就是一种消费升级。在未来,一二线城市的消费升级会偏向服务型消费,比如旅游;三四线城市的消费升级则是去改造原来传统的分层式、碎片式流通逻辑,出现零售渠道的货架、品类和品牌的升级。

(3)变智,中国移动支付规模超过美国。

中国和美国的移动支付规模对比如图5-4所示。

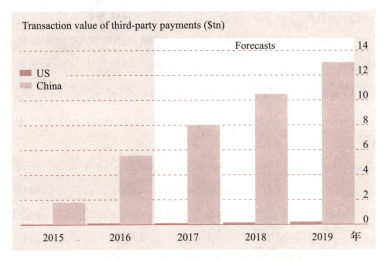

图 5-4　中国和美国的移动支付规模对比图

资料来源：前瞻网。

移动支付对新零售行业非常重要，它的规模反映了中国消费者的数字化程度，而消费者的数字化程度则暴露了中国零售流通链条的滞后性。

电商出现之前的零售业一直采用的是包括批发、经销等环节在内的传统分销方式，当时许多打着零售商旗号的人并不参与货物周转。品牌商将货物交给分销商，分销商自行解决货物的零售流通问题，而真正的零售商是要参与货物周转的。过去由于市场足够大，这个问题一直没有得到重视，从而导致商品信息的传达效率出现极大偏差。

2016 年左右，当时在任的宝洁全球 CEO 面对中国市场说了一句话："第一，我不知道哪里有库存；第二，我不知道该把库存放在哪里。"一个地方的滞销品在另一个地方可能就是畅销品，宝洁深谙此道却无能为力，因为它并不知道哪些地方有货哪些地方没货。

商品信息传达效率的偏差，最终导致中国鞋服行业出现了库存危机。由于2008年北京奥运会的影响，安踏、李宁等运动品牌做出了一个判断：中国会迎来一个体育消费热潮。于是众多品牌为争夺市场疯狂开店、出货，业绩全部以出厂量计算，而不以实际销售额计算，零售端大量商品积压，最终导致中国鞋服行业在2011年前后出现库存危机。

以往库存危机出现后，大量的鞋服商品都会以极低的价格被"贱卖"。而2011年的库存危机则被电商化解，品牌商适当降低价格，电商将商品以"高性价比"的形象呈现给消费者，不仅成功消化库存，还吸引到了一大批网购用户。中国电商市场借助于这次库存危机获得了快速发展，零售流通链条也开始走向数字化，但信息滞后性问题还没有完全得到解决，这是新零售仍要面对和解决的挑战。

量变、质变和智变是零售业正在经历的三种环境变化。除了环境变化，我们还应该了解零售业的本质与演变。

零售业的三种划分形式及其问题

零售的本质是围绕消费者做一个网格划分。

最早的零售网格都是按地理位置划分的，比如品牌商按区域划分经销商和授权体系，社区便利店的数量也是由地理网格内的市场容量决定。

电商出现以后，零售网格开始按时间划分，各大电商网站的限时特卖就是一种典型代表。

拼多多和云集等品牌出现后，零售网格开始按社群划分。比如体育爱好者的聚集地"虎扑社区"就有一项叫"虎扑识货"的业务，通过社群卖货。

社群网格与地理网格、时间网格都有很大区别。在地理网格中，稀缺资源是位置，好位置才能带来可观的人流量。在时间网格中，稀缺资源是时间，因为一个人每天只有24小时，新应用的出现必定会挤占旧应用的时间。而在社群网格中，稀缺资源是信任，谁能建立信任关系，谁就能降低沟通成本。

除了信任，社群还能提供"无限网格"。商家可以通过不同性质的社群寻找到消费者，甚至可能在体育社群、美食社群、工作社群、专业社群等多个社群中找到同一个消费者。社群的存在让"无限网格"的划分成为了可能，也让商家有了更多运维消费者的空间。过去在地理网格中，品牌商将一片区域交给一个经销商后，就很难再引进第二家经销商。但在社群网格中，一种产品可以和多个不同类型的社群合作，从而产生很多新玩法。

移动互联网实现了人的数字化，位置、时间和社区构成的三维网格通过"唯一ID"实现对消费者的覆盖。现在大家登陆任何一个互联网应用都需要使用一个账号，这个账号可以是微信账号，也可以是手机号或其他第三方账号，其中手机号是最为严格的账号，法律强制要求手机号实名制，而且必须经过真人验证。在这种环境下，中国消费者都具备了"唯一ID"，新零售也正围绕这个ID展开，如图5-5所示。

零售业在被三种网格划分的同时，不得不面对两个问题。

第一是认知错位。自媒体的发展推动了更广大人群认知的差

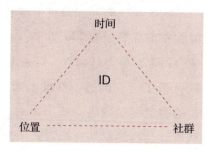

图 5-5

异化，社群化的产品在改变消费者的认知方式和消费行为，今天的消费者比很多零售商还要聪明。以前零售商可以借助信息不对称的优势为商品做宣传，现在消费者可以通过多元学习了解商品信息，提高和校验自己对商品的认知，而零售商们仍采用一元宣传方式，这导致部分零售业者的认知比消费者还要狭隘。

第二是触网错配。很多零售商仍依赖传统门店的位置优势，其触达网络和目前消费者需求的交付方式并不匹配。尽管有些零售商已经同时拥有线下店、网店、微商城、微信公众号等销售渠道，但由于其供应体系的数字化程度不够，这些渠道没有完全打通，没有实现由平面网格向立体网格的进化。

描摹新零售的模样

（1）"数字化仓配"

马云在提出"五新思维"（新零售、新制造、新金融、新技术、新资源）时认为，新零售是基于物流的零售。我认为，基于物流的零售，其实质是数字化销售与数字化仓储配送的结合。

大多数电商的数字化销售在 2015 年就已经非常成熟，消费者订单的产生、商品详情页、商品上架等环节全面实现了数字化。当时在仓配环节的数字化方面，京东做得最好，顺丰、百世汇通等物流公司都在努力赶超它。后来在阿里巴巴的扶持下，菜鸟物流发力，联合饿了么、圆通、百世汇通，建立了一个从源头直到末端的完整的物流配送网络。基于如图 5-6 所示的这个网络，菜鸟可以轻松掌握最合理的商品仓配方式：知道哪里有货，也知道货应该被送到哪里。

图 5-6 菜鸟仓配网络

资料来源：海淘神。

为什么数字化仓配受到了大家的重视？因为不论是传统零售还是新零售，都必须掌握后端信息，必须知道货在哪里以及货应该在哪里，只有尽早将货卖出去才能尽快实现资金周转。

从投资角度看，新零售前端 To C 项目的竞争非常激烈，已经不太好做了，而后端的仓配数字化环节还比较落后，存在发展空间。温州有一家鞋厂，以前做外贸生意，每年订单量不错，但回款周期需要一年。后来鞋厂老板改造了生产线，不再接受外贸订单，转而研究淘宝爆款。一旦发现有可能成为爆款的样式，鞋厂就会做一小批样品发给与之合作的淘宝卖家，观察销售情况。如果销售情况不错，鞋厂就会全面投入生产，如果销售情况不佳，鞋厂也不会损失太多。在这种模式下鞋厂两周之内就能拿到回款，资金周转速度非常快，赚钱的舒适度远高于承接外贸订单。

试想，如果我们能把鞋厂老板的运作模式变成算法，依靠云计算根据市场状况快速反应，不断调整生产计划与销售计划，自动调配各地库存，就相当于实现了产、销和仓配的全面数字化。

零售商如果想完全掌握货的周转方式，应该亲自控制库存。现在美的正尝试这样做，它采取了一种"中央库存"模式，将经销商的库存全部收回，交由自己的物流公司掌控。经销商的职能变为专心经营顾客，订单产生后，物流公司会在24小时内完成配送。

（2）"资源上云，能力下沉"

我将新零售的模样描绘为"一上一下"：资源上云，能力下沉，共享经销权、自主激励权。

"资源上云，能力下沉"就是将所有资源转移到线上，由总部掌握并进行宏观调控，同时降低销售门槛，让销售能力下沉。云集的模式与此类似，如图5-7所示，首先成为一批知名品牌的代理商，并将这些品牌的商品放到自己的在线商城与物流网络中，实现资源上云，然后将自己代理权拆分成上百万份，这些被拆分出来的"小代理权"都同时获得了云集的品牌代理权、供应链、物流资源和云计算能力，相当于前端门槛被降得非常低。云集以赋能的方式将原本没有能力做代理的人拉入到了自己的经销体系中。现在的无人货架、天猫小店和微商的底层逻辑都与之类似。

图 5-7 云集模式

资料来源：无冕财经。

"共享经销权、自主激励权"就是指零售方与品牌方、资源方共享的经销权和在新模式下享有的自主激励权。过去品牌方和资源方都不敢随意下放经销权,因为在信息传达不畅的情况下很容易导致销售混乱的局面。但是当资源摆在线上清晰可见时,品牌方和资源方就会放开授权限制,与零售方共享经销权。自主激励权是什么?品牌方将经销权授予零售方,卖多卖少由零售方自己决定,没有压货、没有刚性的业绩考核。海尔张瑞敏的"人单合一"其实也是类似的意思。现在云集上有大约三百万个店主,其中只有1%的人在专职做经销商,其余大部分人都是兼职,自主激励权让他们没有太多负担。

因此,从产业链投资角度看,能帮助企业实现资源上云的项目值得关注。

叶志荣 资深互联网商业顾问,亿邦动力网资深智库,新零售专栏作家,云顶会特别顾问,社群零售理论第一人。曾担任顺丰、天虹等企业的互联网创新项目顾问。星创集团互联网首席教练,协助星创集团连锁体系的新零售转型。

第 6 章 小程序

6.0 关于小程序创业，你必须掌握的 11 点认知

■ 邓皆斌（微信小程序"给赞"创始人）

我毕业于北京航空航天大学计算机学院，毕业后一直在从事与技术有关的工作，前些年从阿里巴巴离职出来创业。

微信官方于 2017 年 1 月发布小程序功能，一开始大家对其期待很高，但渐渐发现小程序似乎无法承载一个完全闭环的商业模式，于是我们找到一个很巧妙的点切入，在 2017 年 5 月做了"给赞"这款小程序，并于 2017 年 7 月上线，算是比较早的一批小程序创业者。

小程序的竞争非常惨烈，这么多创业团队在做，腾讯内部有很多团队也在做，现在以腾讯官方身份发布的小程序就有 120 个以上。

（1）小程序平台会出现大品类

我在 2009 年做了 Web 互联网时代社交平台的第三方应用开发。2009 年是个很有意思的时间点，那年出现了大量社交网站，比如 Facebook、人人网、开心网，它们就像是用户流量的黑洞，把第一代互联网用户都吸到平台上去。

我们现在看小程序榜单，以及我在和身边的小程序开发者沟通的时候，就会发现：在当时的社交平台上出现过的一些爆款小应用，基本上在今天的微信小程序生态里都被重现过。互联网平台在变迁，但人性没变，人的需求没变，用户在别的平台上喜欢干什么事情，在小程序平台上也会喜欢做，比如说星座、算命、成语、泛娱乐和游戏。游戏这个品类最为典型，它在一个平台上能够最先做到体量足够大，比如 RockYou 和在美国纳斯达克上市的 Zynga。

当然，小程序的底层基础设施和之前的平台完全不一样，所以这个平台上会出现一些全新的品类，而且会做到非常大的量级。

（2）小程序平台是"超级移动开放平台"

与社交开放平台对标的是移动开放平台。2017 年是移动开放平台的时间点。用户在使用移动应用时有个超长路径，他们需要先从应用市场里下载 App，然后再使用。所以在移动互联网早期，会有很多流量分发平台形成。微信是移动互联网里面的一个超级应用，而小程序平台就可以被定义为移动互联网时代的超级移动开放平台。

大家平时关注微信的小程序生态比较多，以为小程序是微信独有的，其实支付宝、百度、今日头条等都有自己的小程序平台。支付宝在 2017 年发布了自己的小程序；百度的小程序平台也已经放开，并将成为百度产品系里一个战略级产品，它们对于入口的定义和流量分发逻辑和微信比较不一样，建议小程序领域创业的小伙伴也关注下；今日头条内部据说也在对小程序平台进行测试，未来也有可能形成一个比较有意思的玩法。

当到了某个时间点，即所有用户时长都被吸引到某些巨型应用里面之后，这些应用里会内生出一种平台的属性，从而形成一个全新的物种，在产品逻辑上和之前的都不一样。

(3) 小程序的用户、能力和场景

社交开放平台与移动开放平台的差异，可以从用户、能力和场景这三个维度展开比较。

移动开放平台的用户量级、用户时长以及关系链和社交开放平台完全不一样。Web 互联网时代社交平台面向早期使用互联网的核心人群开放，而微信小程序生态与泛小程序生态用户则是海量级别，微信现在有九亿人次的日活跃用户数量（DAU），小程序的 DAU 则在 3 亿～ 5 亿人次区间内波动。

两者在基础能力上的差别也很大。社交开放平台像一个容器，所有应用都通过在 Web 平台上植入 Flash 程序或 Web 页面程序来实现，而微信生态里的小程序其实就是个 App，它的原生能力都是由微信这个母体来提供，它不是容器，更像是装在容器里的器物。

场景上的差异更有意思。社交开放平台只有一个持续更新并呈现给用户内容的信息流（Feed 流），所有产品的裂变逻辑就是把社交平台里激发出来的流量用到极致。而小程序生态里场景非常丰富，除了朋友圈这个大场景，还有公众号、好友间的聊天、微信群及二维码。微信群看起来只是单一的群，实际上主题和量级都不一样，面对一百人以下的群和五百人的群，小程序去适用的逻辑也不一样。而二维码是 Web 互联网时代没有的东西，它的厉害之处是能够把线下所有场景都聚合起来。

这三个维度上的差异，导致移动开放平台与社交开放平台之间的差异不止十倍和百倍，甚至可达到万倍。

(4) 小程序可以解决信息孤岛问题

Web 互联网时代，所有产品都是通过统一资源定位符（互联网上标准资源的地址，URL）去完成串联，你可以从一个产品中间的任何

一个地方进入到另外一个产品中,这很符合互联网最本源的精神:万物互通。但到了移动互联网时代,所有 App 都是一个孤岛,用户装了某个 App,无法从 App 中间某个页码直接跳转到另一个 App 页面,然后还能再回到原来的 App。

App 间的跳转不是纯粹的底层协议技术,而需要在上层应用层面去寻找解决方案,国内外都有公司在尝试解决这个问题,也就是通常所说的移动端深度链接(deeplink)技术,我觉得这是一个很好的设想,但在逻辑上是不可行的。

解决的办法只有一个,就是诸如微信、今日头条乃至百度这类超大型应用,能够将它们的能力解放出来,让入驻在这些超大型应用里的一个个小应用之间实现完全自由跳转。小程序里页面跳转的原理与原来 Web 互联网时代网页跳转的原理是一样的。小程序生态就是解决孤岛问题的路径之一。

(5)微信的本质与问题

微信现在 DAU 是九亿人次,支付用户有六亿位,用户时长占比为 40%,也就是说,用户每天使用手机时,有 40% 的时间都在微信里,其中部分用户时长可达到 90%。微信正在覆盖一些非核心互联网人群和最底层的人群,这个是很有意思的一个现象。

微信到底是什么?它既是一个社交产品,又是一个超级 App,还是一个浏览器,更是一个操作系统。总之,每个人对于微信都有自己不同的定义。在设计小程序时,设计者一定要想明白微信官方希望自己承载的东西是什么,以及希望第三方产品的边界是什么。微信创始人张小龙曾公开分享过,他希望微信成为一个互联网超级工具。

微信曾经有过四次重要的版本迭代历史,每一次迭代都是一个飞跃,都让微信变成一个新物种。v2.1 版本干掉了米聊,v3.6 版本干掉了陌陌，v4.0 版本把"朋友圈"功能放出来，v5.0 版本加入了支付功能。所谓"干掉"，是指在这个版本之前，大家感觉微信和米聊或陌陌是对标关系，功能相近，当微信的迭代版本出来后，大家就不会把微信和之前的对标产品放在一起比较了。微信刚加入支付功能的时候，大家都觉得很奇怪，但当它有了支付能力后，微信整个平台上就能够承载更多具有商业价值的产品与行为。

当然，微信也有自身的问题，那就是它的公众号和朋友圈。

公众号的最大问题在于，所有订阅号采用的都是精英逻辑，不适用于所有人群，与之相对应的是像今日头条这种信息流模式所采用的大众逻辑。微信订阅号有 100 万个左右的个人公众号，他们应该是整个互联网人群里内容生产能力最强的。订阅号的核心问题是打开率越来越低，比如说有些公众号文章看的人多，而有些公众号文章看的人少，而这两个公众号在质量上的差别并不像他们的文章阅读数的量级差别那么大。

朋友圈的内容越来越多，可好内容越来越少，用户对朋友圈的打开率也在不断下降。朋友圈的问题在于，好的信息无法流动，因为它没有转发功能。另外，朋友圈信息完全通过人的维度建立，如果用户 A 和用户 B 不是好友，前者是看不到后者朋友圈的。

（6）从技术角度看微信小程序

小程序的最小单元是页面（Page），一个小程序就是由多个页面组合而成。在移动 App 时代，要想把一个 App 里的所有构成都拆分成一个个页面，然后所有 App 可以将这些页面无限组合，这个功能一直无法实现，从逻辑上到技术上都无法完成，而微信小程序天然地做成了这个事情，意义重大。

现在有很多产品，它们之间的流转方式非常自然，那是因为它们都是基于页面级别的产品。原来的 App，用户在首次下载安装后，打开看到的第一个页面便是首页，用户需要在首页里思考如何架构自己的产品逻辑。但在小程序里就不一样了，绝大多数小程序产品的第一个页面被用户看到的不是它的主页。如果拿原来做 App 产品的逻辑去做小程序，下场会挺惨的，开发者会感觉怎么做都不对，原因就在这里。

（7）开发团队要充分利用场景入口

在 Web 互联网时代，通常会用谷歌分析（Google Analytics）工具去分析网站入口。从微信官方文档的定义看，会有 92 个场景值预留，现在已经开放了 52 个场景，可能还有 40 个场景暂未开放。

分析场景入口最需要"深入挖掘"这一超级能力，对于小程序开发团队来说，腾讯官方公布的小程序文档里的每一个字都要仔细分析。我们在市面上看过很多产品，发现大家对于小程序场景入口的利用并不好。比如说微信开放了公众号与小程序的关联功能，用户可以在公众号上看到关联的小程序，然后进行跳转。这个流量其实很少，因为跳转中间经过了好几层转化。

但是反过来想，假如用户能够从小程序里识别出跳转到它这里的公众号是哪个，那么这个小程序就会变成千人千面的东西。也就是说，从 A 公众号的入口打开的小程序和从 B 公众号打开的小程序，它们之间是可以互相做成业务关系的。在我看过的小程序里面，好像还没有哪个用过这个模式的。

场景入口里的每一个场景以及该场景提供的能力，都会有很多细节上的差异。小程序的所有场景和每个场景的数据波动可以做反向分析，因为那个场景可能就是设计者的某个业务或某个产品最重要的流量来源，设计者应该反向把那个流量做到极致。Web 互联网的流量来源和小程序的场景来源是一个逻辑：在 Web 互联网时代，如果网站发现它的某个站外流量特别大，网站通常会加大投入把那个站外流量继续做大。

(8) 微信为何不做中心化分发

经常看到有人在讨论：微信为什么不做中心化分发？未来会不会做？我的理解是，现在微信本身就没有中心化的分发，未来会不会做也不重要了。

传统移动互联网采用的是中心化榜单的逻辑，比如苹果有个 App Store，根据每个 App 的历史下载数及近期下载趋势等参数，来决定某个 App 在榜单上的位置。微信小程序本身也有一个类似于 App Store 的存在，就是聊天首页下拉顶部那个区域，但它的排名逻辑和传统的移动互联网 App Store 排名逻辑完全不一样。

微信聊天首页下拉顶部区域的 DAU 是 3.4 个亿，它采用的是动态算法，其核心参数是触达力。假如用户刚才用了一款小程序，这款小程序就会出现在这个区域。对于所有用户来说，他下拉出来的顶部菜单里的小程序，都是他最近使用过的小程序，这就意味着小程序要有足够强的能力不断地让用户在微信生态里的任何场景中去将其打开，无论打开方式是主动还是被动。微信里绝大多数打开场景都是被动的，被动打开的场景越多，这款小程序的触达力就越强，它在微信生态里自有 AppStore 分发榜单上的排名就越靠前。

假如微信自己做一个中心化榜单，它能推荐哪款小程序？正是因为无法知道要推荐谁，干脆就都不推荐，谁有能力抢第一，就自己抢去吧。触达力是微信小程序时代最强的一个数据指标。

(9) 学会用三个坐标轴寻找产品方向

小程序的方向可以通过拆解的逻辑，从场景、媒介和业务三个维度去看。微信里面有三个核心场景：公众号、朋友圈和会话，而媒介比较多，支付、文字、语音、图片、视频、游戏、问答等均是媒介。微信的业务则包括购物、娱乐、工作、生活和社交等。

这三项业务就像是一个坐标里的X、Y、Z三轴，其中任何两轴组合在一起，就可以出现一个小程序的产品方向。

支付是微信生态里特别重要的一个基础设施，建议小程序开发者利用好微信支付这个功能。这里提到的支付特指小额支付，不是几百几千的那种支付。在微信时代里，小额支付有很好的支付体验，用户支付几乎无感，不知不觉就把钱给付了。

（10）小程序创业需要比拼什么

小程序创业项目，核心比拼的能力是产品力。小程序产品的想象空间比App要多很多倍，微信刚推出小程序功能的时候，很多人把它当成一个新的终端平台，我们做"给赞"这款小程序产品的时候，把这款小程序生成一张码，然后在这张码中植入各种场景，通过码来承载流量。当时微信开放能力有限，我们应该是小程序创业团队中最早以码的形式到场景中去挖掘流量的。

小程序里有款产品叫传图识字，它简单到令人无法想象，这个小程序加起来总共不到十个页面，但使用的量级非常大。这款产品的开发者是个人，平时上着班，利用闲暇时间写了这么一款小程序，结果就火了。所以说小程序生态里能够出现很多让你无法想象的事情，只要你能把产品力做到极致，它就会产生很大的杠杆力。

开发小程序产品要重点考虑两件事情：触达力和游戏感。触达力可以让小程序有获取更多流量的机会，而游戏感对于小程序特别重要，它不是指玩游戏，而是说产品要给用户足够少的选择，在用户使用产品的过程中，要不断给用户及时反馈，在使用功能时要让用户有很强的愉悦感。"给赞"团队在设计和定义产品时，曾经参考过以前App时代的思路，结果发现很多经验用起来都不奏效，这才琢磨出触达力和游戏感这两个要素。

(11) 小程序四大关键词

我在这做小程序创业的十个月中，琢磨来琢磨去，分析了所有的小程序，也和其他小程序创业者聊天，最后总结出小程序未来的四个关键词：流量、支付、品牌和平台。

这四个关键词有优先级。

第一是流量。小程序产品一定要有超强的流量获取能力，而不是买量然后去留存。分享就是传播，传播就产生流量。

第二是支付。微信提供了一个很好的基础设施，让用户在小额支付时完全无感。小程序的支付和电商这种交易型支付不一样。交易型支付是买对方的商品或服务，然后需要消费者履约，而小程序支付属于非交易型支付，用户完全不需要履约。像传图识字这些小程序的开发者，他们每天的收入都很不错，流量和支付量级都很惊人，甚至有些祝福类小程序的支付者都是年龄很大的用户。

第三是品牌。小程序的天然产品形态决定了它自身完全没有存在感。用户经常在一个群里点开小程序，用完了，还以为用的是微信的一个功能。这对于小程序创业公司来说，是一件很恐怖的事情，所以小程序产品在品牌上应该强化。强化手段有很多，比如开发小程序矩阵。"给赞"的小程序矩阵就统一用"给赞"命名，"给赞问问""给赞讲讲""给赞写写"等，都是为了强化品牌。对于上百万个小程序，用户用哪个产品、怎么用、对产品的认知是什么，未来这些问题的答案对小程序来说会产生很不一样的东西。

第四个是平台。当用户量达到一定程度之后，如何去构建产品核心壁垒和护城河，是投资人最为关心的。平台不是指产品的表现形式，而是代表了产品的思路。

一点畅想

小程序未来可能会有哪些新功能？大家不妨畅想一下。

假如在聊天场景里，长按会话文字可以唤出小程序，是一件比较有意思的事情。聊天场景每天被使用的量级非常大，如果在那里增加一个场景入口的话，会延伸出很多新的产品形态。还可以利用小程序去增强用户个人信息页。在用户 A 和用户 B 没有互加好友的情况下，用户 A 点击用户 B 的个人页面，即可通过点击小程序查看用户 B 更为丰富的个人信息，这也会带来很大想象空间。

微信、支付宝、百度、今日头条等多个小程序平台如果能打通数据，某个用户在微信小程序里用了某个功能或产生某个数据，在百度的小程序平台上也可以看到，就可以打破原来移动互联网时代的 App 孤岛现象。

邓皆斌 微信小程序"给赞"创始人。毕业于北京航空航天大学计算机学院，曾在方正集团、阿里巴巴工作。拥有十年技术、产品和团队管理经验。

6.1 小程序是风口还是坑口

■ 史文禄（阿拉丁小程序统计与指数平台创始人兼 CEO）

2016 年 10 月 13 日，微信小程序第一次向社会开发者授权。2016 年 10 月 27 日，阿拉丁在北京发起了中国第一场 500 人规模的小程序论坛。在那个时间点，中国创业者对小程序充满怀疑，媒体和投资人对小程序不仅是怀疑，而且是普遍看衰、看低。有的人认为小程序在微信界面中的入口太隐蔽，有的人认为小程序用起来不安全，还有的人认为小程序用户留存率偏低。但阿拉丁始终没有放弃，一直以全情投入（"All in"）的状态对待小程序。

微信互联网时代来临

阿拉丁选择小程序作为创业方向，主要是基于如下两点判断。

第一，中国互联网在从 PC 端向移动端迁移时，其实存在两条主干道，一条是移动互联网，另一条是微信互联网。在某种意义上，移动互联网后来甚至成了微信互联网的一部分。微信互联网将逐渐成为中国移动互联网创业的基础设施，以及网民获取信息和服务的路径与入口，同时也是用户花费时间最长最高频的一个入口。

第二，2012 年 8 月 17 日，微信订阅号上线，真正开启中国微信互联网的时代。为什么要提到这个日期？因为只有了解了订阅号火爆的原因，才能看懂小程序的未来发展之路。订阅号之所以火，是因为在它出现之前，PC 端互联网里的信息已经到了泛滥的程度。订阅号的出现，对中国当时的内容产业是一种重构乃至革命，因为订阅号大大降低了内容的生产成本。

小程序的门槛低于 App

对于中国很多创业者来说，App 创业门槛非常高，验证商业周期时间长，宣传成本非常高。对于 C 端用户来说，App 的使用门槛同样非常高。小程序其实有六大优势，微信官方公布的三个优势是无须安装、用完即走和触手可及，阿拉丁又增加了三条：无须注册、无须登录、社交裂变。

App 的日活跃用户数量如果要达到 30 万人次，就意味着这款 App 的装机量至少要在 500 万台以上，这还不包括前期的开发投入和运营成本，而且推广成本高，推广周期长。小程序里很多创业者只花了一个月时间，便将日活跃用户数量从零做到了 500 万人次以上，大大降低了获客与运营成本。

以前有很多投资人说，小程序存在一堆问题，比如入口太少，很多事情都做不了。但阿拉丁从来没有担心过这件事情，在阿拉丁看来，小程序生态就像是生命孕育的过程，2017 年小程序处于十月怀胎的阶段，2018 年年初刚刚诞生，正处于非常早期的阶段，一定要用动态和发展的眼光来看待新生事物。

游戏类、购物类小程序涌现，小程序生态走向繁荣

与 2017 年 12 月相比，2018 年前两个月，Top200 榜单中新上榜小程序有 71 个，占比 36%，其中游戏类小程序随着微信开放游戏接口，快速成为榜单第一大品类。其中类似于知识答题类的小程序游戏大量涌现，智力游戏在上榜游戏类小程序中占比超过 50%。游戏类小程序的加入对于小程序生态的健康发展非常关键，它意味着小程序生态可以变现，这是一个生态走向繁荣的标志之一。

本次榜单有 78 个新物种小程序，涵盖游戏、社交、工具、网络购物、图片摄影等诸多领域。随着小程序生态的不断完善，新物种小

程序将大量诞生并且快速获客。游戏类和社交类小程序在微信生态内都更容易引流和变现,因此这类小程序也获得了更多开发者的青睐,并在数量上实现较快增长。

从分布领域上看,工具类、生活服务类小程序占比下降,游戏类、网络购物类小程序占比大幅增长,在 2017 年第二季度占比较高的金融类小程序在这次榜单中的占比只有 1%。

从企业性质上看,在小程序开发者中,传统企业占比进一步下降,主要集中在餐饮、商超、新闻资讯等领域。互联网企业占比进一步增加,在游戏开放后,大量互联网企业看到了小程序生态中巨大的市场机会,加速布局小程序。个人开发者的占比也在提高,说明在微信社交生态中,好的产品比 App 更易于被传播,并快速获取流量。

工具类小程序上榜率在 2017 年 10 ~ 11 月达到高峰后逐渐下降,用户对工具类小程序的使用习惯开始形成,随着市场试错机会越来越少,工具类小程序的格局将越来越稳定。

在网购领域,由于春节假期等因素的影响,2018 年 1 ~ 2 月网购小程序上榜率有所回落,降至 12%。垂直电商和团购是网络购物领域的主力,分别占据网购领域的第一和第二位,二手交易类小程序也在快速发展。

"小程序 + 微信公众号"将成为运营新模式

通过对小程序榜单的分析,阿拉丁发现,小程序是一个完全可以诞生新物种的地方,也完全有可能在某些赛道上跑出新的独角兽。当然,这些独角兽未必会一直留在小程序里生长。小程序最适合日活跃用户数量处于 50 万人次以下的创业项目的成长孵化,"小程序 + 微信公众号"足以满足大多数商业形态初创期的运营需求,这个生态体系也会越来越繁荣。

史文禄　阿拉丁小程序统计与指数平台创始人兼 CEO。专注于移动互联网生态建设,曾创立中国版 Facebook 和垂直信息网站,在电子商务和 O2O 方面有非常好的实操能力,拥有十余年互联网运营及管理经验。

6.2　电商新局面:小程序 + 跨境电商 + 网络红人

- 许胜(波罗蜜日韩购联合创始人)

从 2014 年开始,随着中华人民共和国海关总署陆续发布的《海关总署公告 2014 年第 56 号 < 关于跨境贸易电子商务进出境货物、物品有关监管事宜的公告 >》和《海关总署公告 2014 年第 57 号 < 关于增列海关监管方式代码的公告 >》这两份文件,海淘行为逐步实现阳光化、合规化,各大电商品牌开始抢占跨境电商市场。

从国家层面看,人民币在国际市场的话语权有很大一部分由跨境电商实现,国家可以将其作为建立全球零售贸易新秩序的工具。

从市场角度看,中国消费者的消费能力与日俱增,各线城市相继发力,对海外商品的需求正在大幅增长,所以跨境电商的发展潜力十分巨大。

我所在的品牌叫"波罗蜜",是一家兼具 B2B、B2C 业务的跨境电商品牌,以社交电商为发展方向,尝试将跨境电商业务与小程序结合,并得出了一个结论:小程序、跨境电商、网络红人三者结合将创造电商新局面。

小程序与跨境电商的结合是天作之合

（1）微信生态圈中的电商空间并不饱和

根据即速应用发布的《2017～2018年微信小程序市场发展研究报告》显示，2017年小程序累计用户数增长迅猛。截至2017年年末，小程序用户数量已经超过四亿人次，其中日使用频次在四次及以上的用户占54%，小程序的表现非常好。

正常情况下，电商类应用会占据较多线上流量份额，但是在2018年4月的小程序排行榜前二十中，游戏类和工具类小程序占比更大，电商类小程序只有三个，其中发展最好的电商品牌拼多多在排行榜上仅为第四名。

从市场规模来看，阿里巴巴有十亿位电商用户，小程序有近五亿位综合用户，小程序与阿里巴巴之间至少存在五亿位电商用户差额，因此小程序电商的成长空间依然巨大。

（2）小程序解决了跨境电商的合法合规问题

跨境电商不同于一般贸易。一般贸易通过B2B国际贸易完成货品采购，需要报关入境。跨境电商货品入境不需要像一般贸易一样烦琐的报关和检验检疫，凡是进入国家进口正面清单的商品都可以先行进入保税区，消费者下单后货品再行报关，这是海外商品进入中国的最快通道。

在这条通道中，跨境电商必须实现"三单合法"。三单指的是订单、支付单、物流单。订单由淘宝、京东等电商企业负责，支付单由银行、支付宝等支付公司负责，物流单由保税仓等仓库负责，由于三方面联合作假的可能性很小，所以海关通过"三单对碰"（将三方面信息进行匹配）确认货物的合法合规性，防止走私行为发生。

很多网上代购商店想要缴税、实现合法合规经营，必须完成"三单对碰"，但很多支付公司都不愿意为代购们推送支付单，造成了法规隐患。小程序的出现解决了"三单对碰"中的障碍，它可以把支付单直接推给海关，解决了众多代购、网红在销售中的合法合规问题。

（3）小程序用户转化门槛低

App有一个缺点：用户转化很难。从引导消费者下载App、注册账号，到接收短信、浏览购买，中间环节过多，容易造成潜在消费者流失。H5（即利用HTML5技术制作出来的页面）页面虽然使用简单，但是用过即忘，难以重复利用。小程序融合了App和H5页面的优点：操作简单、易于寻找，因此降低了电商转化门槛。

跨境电商与网络红人互惠互利

（1）电商进化、社交为王

传统电商已经进化到了社交电商阶段，社交及意见领袖的影响力对电商愈发重要。

中国消费者乐于接受关键意见领袖（Key Opinion Leader，KOL，营销学概念，通常被定义为：拥有更多、更准确的产品信息，且为相关群体所接受或信任，并对该群体的购买行为有较大影响力的人）的"种草"（宣传某种商品的优异品质以诱人购买的行为）。在过去几年中，各个领域的KOL都迅速成长为网络红人，面对美妆类、生活类、个人护理类产品时，消费者普遍希望获得这些网络红人的建议。从这一角度看，电商与网络红人之间存在天然的利益结合点。

（2）消费力与日俱增，优质海外商品离不开网络红人的推广

如果某位一线明星在社交平台上推荐了一款商品，这款商品的销

量会立刻猛增,甚至会脱销,这是中国消费者消费需求旺盛的表现。然而通过对比不难发现,目前天猫国际、考拉海购等跨境电商网站上的主流商品重合度高、爆款集中、价格趋同。这些有限的海外商品已经难以满足国内旺盛的消费需求。

海外优质商品有很多,但想获得中国消费者认可很难。所以必须借助网络红人的影响力,让中国消费者了解和接受更多海外商品,这既是他们的使命,也是他们在社交平台上变现的重要方式。

(3) 网络红人化解了跨境电商的尴尬

跨境电商有两个令消费者不快的地方:物流速度和税价。

即便是能在保税区发货的跨境电商品牌,其物流速度也难以达到国内平均水平,这会影响消费者的购物体验。但如果由网络红人们负责销售,粉丝们对此往往会予以理解。

另外,根据海关要求,跨境电商商品必须实行税价分离,即在商品流通过程中,将商品或劳务的价款及其应征流转税款在发票中分别注明。由于中国消费者缺乏对税价分离概念的理解,往往会认为商家卖得贵。这种税价分离的观念需要有人引导大家接受,受粉丝信任和追捧的网络红人们最适合充当这一角色。

小程序与网络红人相互依偎

(1) 相比公众号,品牌商更喜欢小程序

在微信生态圈中,粉丝数超过 20 万人的公众号有 6000 多个,将这些公众号的粉丝数加总,在不排除重合粉丝的情况下,总数已达到 13 亿人,数量非常庞大。很多微信大号都在试图构建"公众号矩阵",不断培养新的小号,其中相当一部分小号都属于种草号,用于实现公

众号变现。然而,对于希望借助 KOL 影响力推广产品的品牌商而言,大大小小的公众号并不是最优选择。

首先,粉丝关注公众号的目的是阅读精彩内容,而非购物,所以想把公众号粉丝转化为消费者非常困难。

其次,除了文章阅读量,品牌商无法获取更多推广数据,难以判断公众号的"带货力"(引发商品热销的能力),一些网络红人的公众号也受制于此,难以连续接到广告。但小程序可以提供完整全面的销售数据,也为品牌商和公众号提供了更多合作形式,比如以销售分成形式结算广告费。

(2)小程序需要流量

小程序自带封闭属性,在没有推广传播的情况下无法主动吸引客流,所以它只对网络红人这样天生自带流量的人有意义,而且前端流量成本越来越高,某些平台 2017 年的流量成本比 2016 年高出了十倍以上,这令跨境品牌商都在为流量成本而苦恼,正在想办法开拓新的流量渠道。

波罗蜜的实践

波罗蜜以 B2C 业务为起点,在海外与国内保税区都有仓库,自行采购与出售商品,掌握货权。波罗蜜主打两个卖点:

(1)利用直播形式销售商品,让消费者能直观地看到进货流程,相信波罗蜜的供应链;

(2)所有商品均以海外商店内的标签价出售,让商品价格更透明。

2017 年 12 月波罗蜜引入小程序,由网络红人负责解决前端流量,波罗蜜负责小程序设计、货源选择、商品供应、定价、物流以及售后客服。简单来说,网络红人只需负责宣传,其他工作全部由波罗蜜负责。品牌商也愿意接受小程序,因为各种销售数据情况一目了然。

波罗蜜更喜欢以质取胜,不以粉丝量作为选择网络红人的唯一标准,因为他们的带货力不是由粉丝量决定的,而是由他们呈现出的个性决定的,对粉丝影响力越强的个性,其带货力就越强。合作过程中,波罗蜜会根据网络红人的不同特点提供有针对性的选品建议,并有专业团队配合营销,目前取得的运营效果非常好。

任何 KOL 开店,影响人群都只是他的粉丝。有 100 万粉丝的网络红人,只能影响 100 万人,无法产生社交裂变。而在社交电商里,裂变是必不可少的。只有当粉丝充分裂变,网络红人经济的峰值才会真正到来。微信公众号数量还在不断增加,总粉丝量也在不断增长,这是一个社交电商的增量市场,其价值潜力还没有被充分挖掘出来。同样处于增量市场的跨境电商与解决了技术壁垒的小程序,将会与网络红人经济发生化学反应,催生跨境电商、小程序电商与社交电商的新局面。

许胜 波罗蜜日韩购联合创始人。毕业于日本东北大学(Tohoku University),国际商法硕士。十多年来一直致力于跨境电商行业,主力方向为跨境进口的供应链及物流解决方案。

6.3 "公众号 + 小程序"将成标配打法,七大原则提升应用体验

■ 黄永轩(易简集团总裁)

从 1995 年到 2005 年,这十年时间里,传统媒体一枝独秀。那个

时候广告公司做生意很简单,到某座城市出趟差,和当地电视台的广告主任谈一下合同,谈妥了就可以投放广告了。

从 2005 年到 2015 年,互联网开始崛起,但它和传统媒体是相辅相成的关系。2004 年某省级电视台全年收入不到 5 亿元,到了 2015 年则是 198 亿元,到了 2018 年就掉到 70 亿元了。另一家省级电视台 2014 年收入是 4.5 亿元,仅能维持电视台运营。2014 年年底招标,结果竟然没有人来应标,台长当时非常意外,之后的 2015 年电视台收入更是不到 2 亿元,而到了 2017 年收入甚至不到 1 亿元。

也就是说,2015 年之前,传统电视台日子还过得去,但到了 2015 年传统电视行业就突然崩盘了。从 2015 年到 2025 年这十年间最大的媒体便是微信,"公众号 + 小程序"则是其中最大的一个版块。

七大应用原则玩转小程序

小程序有七大应用原则。

第一个是组合原则。一个主体认证 50 个小程序,50 个小程序的界面切换和底层数据互联互通,无缝跳转。少即是多、多即是少;分久必合、合久必分。一个企业不会开 50 个公众号,也不会去建 50 个网站,但它可能会去做 50 个小程序,并且这些小程序之间是联通的,页面可以互相跳转,即小程序的组合。

第二个是社交原则。小程序的基础在于微信生态,必须构建于微信生态之中,否则就是空中楼阁,如果某个项目的创始人没有太多微信生态的背景就做小程序,我认为这个企业不值得投。那么如何与微信流量对接?做好微信社交是关键。有一款名为"包你说"的小程序,它的设计很简单,用户 A 在朋友圈发一个红包,用户 B 读一遍就可以拿到红包，然后平台收一点手续费，完全是C2C的打法，现在这个小程序的流水和利润非常可观。

第三个是产品原则。小程序是生产工具，而制造生产工具的目的是要生产出产品。小程序要搭建出一个消费场景，绝大多数的消费体验可以在小程序搭建出的场景里完成。广东省刚刚上线一款名为"粤省事"的小程序，社保、公积金、交通、出入境签证等所有办事流程都可以在上面轻巧地完成，非常方便。

第四个是简洁原则。一个功能一个小程序，用完即走，下次再来。外交部的小程序"外交部12308"，大家出国都要用到它。这个小程序只有一个界面，大家如果出国后护照丢了，在该界面上输入护照号码，然后就可以找到当地使馆电话求助，就这么一个功能。广州推出的小程序"羊城通"可以用于在广州坐地铁和坐快速公交（BRT），无需买票。很多中老年微信用户看不懂太复杂的程序，我们只需告诉他们要做什么事用哪个小程序就行了。

第五个是高效原则。所思即所见，所见即所得。随时更改，随时调整。如果不动框架的话，用户界面（UI）方面怎么改都行，现在还可以远程测试。

第六个是数据原则。小程序提供精准用户画像、用户留存，由于目前在主动推送方面还有限制，所以"公众号+小程序"是目前解决数据管理的优选方案。

第七个是开放原则。不同主体的小程序之间可以相互关联，一个小程序可以关联500个公众号，也可以关联500个App。没有开放的心态，就应用不好小程序。以前打开公众号上的一篇文章，用户不好退出去，所以在没有小程序之前，电商找易简合作我们都拒绝了。

小程序塑造新商业，三个条件成必要

公众号改变了中国媒体，而小程序野心更大，想彻底改变中国商业。

2018年，中国零售业发生巨大变化，线上巨头以数据和资金优势大举进军线下。腾讯投了五六百亿元，阿里巴巴投了1500亿元，小米在2018年已经开了295家"小米之家"。巨头往线下走的逻辑很简单，他们有数据优势，而线下企业虽然留存了多年数据，但并不知道怎么利用。腾讯总结过，无论新零售、还是智慧零售，其核心是以用户（消费者）为中心，通过数据驱动，改造生活（消费）场景和优化消费体验，最终达成消费效率的提升。

华东地区是阿里巴巴的"地头"，它投的"盒马鲜生"是硬造了一个消费场景，通过消费场景来塑造生活场景。而腾讯在华南地区则是反过来，它已经有了生活场景，然后在这个基础上去做消费场景。两种路径，孰轻孰重一目了然，所以我更看好腾讯的发展。

我认为，所谓新商业，必须符合三个必要条件。

（1）必须有融合线上线下的生活场景——变革土壤。这一点至关重要。阿里巴巴和腾讯差就差在一个微信上。微信有生活场景，没有变革土壤哪来的新商业？

（2）必须有低成本高效率的场景工具——生产工具、场景构建。上海邮政公司先前想利用报亭卖早餐，因为报亭本身有几平方米空间，所处地段也好，但这个事情最后没有做起来，因为没有工具可以教会摊主做早点，也没有工具让消费者知道报刊亭还可以卖早点。

（3）必须有无处不在的线下触点连接——即得性、部分体验性。

现在看来，只有微信能融合线上线下的生活场景，只有小程序才能低成本高效率地构建消费场景、提升用户体验，只有线下实体才能解决即得性的商业完成。将这三者打通，便是新商业。

马化腾说，腾讯不做零售，甚至不做商业，只做底层，把机会让给所有的合作伙伴。腾讯正在通过公众号、小程序、企业微信、社交广告、移动支付、腾讯云和安全能力这七件"武器"，不断为零售企业提供"水电煤"和"工具箱"。

小程序项目的判断逻辑

判断小程序是好是坏，值不值得投，有三条标准。

（1）极低的制作成本、维护成本和运营成本。凡是慢的、重的、贵的应用级小程序，一定是错的。

（2）快速的社交传播。凡是不能形成社交裂变的应用级小程序，一定是平庸的.

（3）精准的用户留存、用户画像。凡是不能对数据深挖、打通、利用的应用级小程序，一定是肤浅的。

2018年，我比较看好小程序在电商、工具、游戏和零售四个方向上的发展。我看过游戏类小程序的后台数据，非常惊人，独立访客量（UV）从1万人次到50万人次再到500万人次，也就一个星期的事情。在小程序平台上，最好的游戏通常都是最简单的游戏，目前做小程序游戏做得好的很多都是从H5过来的人，做重度游戏的人一个都来不了，因为做H5的人对微信生态很熟悉。

做公众号，粉丝人数过百万就可以举杯庆祝了，过千万那就更不得了，过千万的大号全中国也没多少。但小程序用户数量过百万没什么了不得的，如果没有过千万位的用户，在市场上就完全没有位置，因为小程序的商业转化并不好。

判断小程序的真实用户数，除了看后台数据，还有一种方法可以判断。用户打开任何一款小程序，如果发现只有两三个好友在用，那就说明它的用户数非常有限，如果发现有超过30%的好友用过，那就说明它是一款现象级的应用。

小程序目前最大的流量入口是公众号，公众号所能触达的用户数没有上限，但小程序是有限制的，不能太主动地触达用户，只有在用户触达的时候小程序才可以反向找到用户，所以"公众号+小程序"是标配打法。如果有家企业公众号做得好，小程序也做得好，那它就是一家优质企业，太懂微信生态了。

黄永轩　易简集团总裁。拥有二十多年媒体及广告从业经验。2013年开始专注微信生态的媒体及商业研究发展，微信公众号行业大号"微果酱"创始人，著有《公众号思维》，在微信公众号、小程序领域具有丰富的实践经验和深刻的行业见解。

6.4　以上帝视角投小程序

■ 罗挺霞（璀璨资本创始合伙人）

在接触小程序项目前，投资人需要看清一个事实：每一次流量的重新分配都会催生新的巨头，这是微信和苹果App Store进行PK的原因。小程序可以帮助微信替代操作系统成为App的流量分发入口，所以它对腾讯有着巨大的战略意义。

基于这种情况，投资人在观察小程序项目时，应该站在"上帝视角"。这里的"上帝"就是腾讯，"上帝视角"就是对腾讯有战略意义的角度，这一角度可以分为三个板块。

（1）腾讯擅长的领域：游戏和社交

游戏类和社交类小程序里一定会出现流量惊人的产品。相信大家最近都看过阿拉丁公布的小程序榜单，其中游戏类小程序占比非常高，游戏类是极有可能成为最先出现爆款小程序的类别。腾讯擅长制作游戏和社交产品，但同样需要创业者帮助它挖掘小程序潜能。

（2）腾讯的短板：电商

小程序正在大力扶持电商，拼多多就是一个代表。拼多多已经成为一个创业巨头，它的日订单量已经超过京东，成长速度超过了淘宝。腾讯一定会继续扶持这类电商，弥补短板，增强与阿里巴巴竞争的实力。

（3）腾讯如何建立生态圈

腾讯需要有更多玩家一起来共建小程序生态，一种健康的生态体系也需要借助一些小程序产品进行维护，所以数据统计类、营销类、SaaS 类、服务类的小程序都有发展机会。

电商、工具、知识付费和游戏类小程序值得关注

综合三个板块，有四类小程序值得关注。

第一，电商类。小程序是一个可以连接线上线下的工具，它结合了微信社交场景，电商类或零售类公司可以从中受益。已经积累一定用户数据的线下零售商，可以通过小程序迅速扩大服务，提升用户体验。

第二，工具类。现在工具类小程序已经非常多了，其中 DAU 超过 1000 万人次的也有很多。小程序是一个很简单的入口，可以帮助创业团队在短时间内完成冷启动，积累第一批宝贵的用户。

第三，内容与知识付费类。在文娱领域，小程序可以给用户一种更好的体验。早前微信公众号已经把内容和知识付费的路径打通，现在小程序会把这个体系做得更加完善，体量也会更大。内容和知识付费会成为除了电商之外的第二条变现路径。

第四，游戏类。

判断小程序项目的标准

第一，判断项目是否属于以上四类小程序。

第二，判断早期项目时要看项目团队实力，以及团队是否已经找到了合适的场景。任何产品都需要找到一个合适的切入点，这个点可以很小，但一定要利于用户传播和裂变，因为自我传播和裂变正是小程序的最大特点。应该先把一个点做深做透，然后再放大布局。所以璀璨资本更关注创业者能否找到合适的切入点以及后续的发展路径。面对走到A轮和B轮的项目，就要看它的"支点"，包括用户规模、连带率、复购率等内容，支点足够稳，才有裂变的可能。

第三，根据小程序所属类别考察相应指标。比如游戏类小程序还处在发展初期，没有太多数据积累，我们可以根据投手机游戏的经验来考察，将游戏的趣味性作为主要判断依据；电商类小程序则要观察传播效果和复购率，根据不同商品品类做分析。

小程序创业者需要思考一个问题：微信正在试图把小程序打造成一个去中心化媒介，App的功能在未来会被拆解，在小程序里以独立的服务形态呈现，根据用户需求提供多种可选择的服务。比如在微信里搜索蛋糕，就可以查到很多提供蛋糕服务的小程序。

但是一些业务范围广泛的项目，或者功能强大而又复杂的App，在拆解功能转向小程序时都需要考虑一个问题：如何把分解开的功能再度串联起来？因为只有串联起来才能得到一个比较大的用户体量，服务和体验才能更加完善。单个小程序带来的用户裂变效果更好，但不足以实现一个巨大的用户量级。

罗挺霞 璀璨资本创始合伙人。拥有超过十年的投资及管理经验，在公司战略、执行力、商业模式方面有着深刻见解。

第 7 章 投资门道

7.0 一级市场投资终将回归价值投资

■ 刘冲（首泰金信投资合伙人）

投资这个行业看起来能指点江山，实际上是个体力活儿，淘沙见金，从沙子里、尘埃里去淘一些真正有价值的东西。

投资其实只分为两类，一类是概率投资，也就是所谓的"撒胡椒面式投资"，另一类是集中投资。这两类投资的赚钱本质是不同的。

概率投资讲究的是方向和趋势的赛道投资。如果押准了赛道，把赛道里排名前十的项目全投一遍，即使其中九个项目都失败了也没关系，从活下来的那个项目里赚的钱，可以把投到前九个项目里的成本覆盖掉，投资就成功了。这是一种玩法。

集中投资讲究的是价值投资和纵向投资。做价值投资的人是肯定不会做赛道投资的，如果能识别出项目价值，投资者就会进行集中投资，然后长期持有。

概率投资考验的是投资者的概率控制能力。概率控制得比别人好，就无惧项目失败。价值投资靠时间和复利赚钱。投资者在产业链拐点之前识别并且投进去，然后利用增值服务和行业整合促进曲线上扬，既能获得稳定的可持续的收益，又会因为产业曲线变动而获取超额的收益。

概率投资和价值投资是两种玩法，没有人两种都会。概率投资的玩法决定了它必然是站在一个高淘汰率的基础上去搏概率。也许投资者能搏出几百倍项目，但这一定伴随着高淘汰率。价值投资是自上而下的，从研究趋势开始，然后进行项目筛选和投资。筛选是建立在逻辑、本质、规律、预测基础上的。但这种投资不可能太分散，如果投得太分散，把程序省略，成功率就低。这两种玩法不可兼得。概率投资也会产生伟大的投资者，但价值投资者不会这样做，他们信奉的必然是集中投资。

概率投资这些年风头较劲，很多人感觉价值投资过时了，其实不见得。价值投资的实践是建立在投资者识别出产业趋势的基础上，去扶持一些龙头企业，深度契合商业逻辑和投资者主动聚集资源的心理，进而影响整个行业。

我是一个价值投资者，不太了解概率投资。这和个人性格有关系，也和个人经历有关。我所认为的两种投资方式间根本的差别是依据我信奉的产生价值的方式，以及我信奉的风险和收益的关系来得出的。

信奉价值投资的人，赌性不会特别强，他们会按照自己的认知体系去前瞻性地看很多东西，投资的整体框架变化不会很大。这种投资方式需要投资者耐得住寂寞、诱惑，懂得坚持，受得了时间考验。

价值投资也会很赚钱

价值投资就是看两点，第一是"垄断"，第二是"可持续"。价值投资信奉的是"可持续的垄断"。

"垄断"大致分为 To B 垄断和 To C 垄断，To B 垄断叫商业专卖权，To C 垄断叫消费垄断权。各自形成的缘由也不一样，To C 垄断来自于社会学、心理学、习惯和社会组织的变化，To B 垄断来自产业链之间的博弈、产业链上下游之间的短缺以及定价权的结构关系。

"可持续"指的是投资者在运行企业过程中怎么去组织利益共同体，包括利益共同体的组织形式、商业模式和交易结构的设置等。

概率投资看的更多的是趋势、想象力或对企业的前瞻性预测，但它可能导致一些要素在短期内不匹配，失败率会比较高，但所投企业也有可能在某个时点上突然爆发，给投资方带来大回报。价值投资相对来说比较稳健，投资者到最后也会很赚钱，因为复利的力量非常强大，而且低调一点，门槛也高一些。

我曾经听一些刚入行的年轻人，满嘴全是"downside""upside""upside 比 downside 概率大就可以搏"之类的话，这是很可怕的，产业链分析和拍脑门凭空想出一个趋势，哪个更容易呢？

说实在的，投资这个行业经历十几年发展，产生了很多泡沫。大家进来的时候，都希望快速掌握一种方法，先拿到钱，然后赶紧把它投出去，赚到快钱。

前些年，投资人打造一些概念或拿出一两个案例，就会有人掏钱。现在已经过了那个阶段，潜在 LP（Limited Partner，有限合伙人）除了要知其然，还要知其所以然。

国外很少见到所谓的"成长期投资"这种类型，它说早不算早，说晚不算晚。在中国它还会存在一段时间，因为现在中国的资本市场有多种通道可以选择，起码一二级市场之间的溢价至少十年之内没有办法弥合，中间会有各种各样套利机会。中国一级资本市场投资结构成熟之后，归根到底会以价值投资为主题，以价值与产业的结合为主题。这些价值也许会在一个经济全面调整的周期内闪现光辉。

互联网时代：有流量不等于垄断

互联网的核心逻辑是对时间稀缺性的分配。之前没有一种手段可以把时间当成垄断的一个因素，互联网做到了。流量的获取与流量产生的经济价值（财务价值）一定是不匹配的，所以才会出现免费、补贴、转移支付等多个商业模式。

互联网公司的惯常打法是不顾一切抢流量，流量到手后通过收购或打压竞争对手等方式形成垄断，然后再去想怎么赚钱、收服务费、做高估值，最后将其出售。这是互联网时代上半场比较流行的一种模式，而这种模式我肯定是不投的。流量本身具有流动性，它并没有回归垄断的本质。垄断的本质是强权，无论卖家怎么定价，买家都得买，这才是垄断。互联网的流量不具备这个要件，它只是在时间上形成排他性，但没有形成真正的造血机制。流量生意更多对应的是投资者对时机和窗口的精准把握，以及对时空的控制来把握成功概率，更属于概率投资的玩法。这是个非常高难度的玩法，而且一旦窗口关上了，概率下降了，风险会成倍增加。

在产业迭代过程中，流量将变得越来越贵，当用户面临众多选择时，就会变得谨慎，现在要想让用户下载一个App已经变成一件很困难的事情。流量巨头出现，新兴市场和通用性平台越来越窄。

在流量价格如此昂贵、流量入口被垄断的情况下，一些新人跟风做互联网项目，失败的概率是比较大的。

沸点之前的水面，看起来还是平静的

当流量衍生出商业模式后，有一类机会可以把握，那就是以技术升级场景。

无论是互联网公司还是传统企业，为了适应移动互联网时代消费者习惯的变迁，都需要有排他性的技术供应商来弥补强劲消费力造成的服务短缺。场景的技术供应商、技术改变者所对应的还是其原来那些利益攸关者，甚至生意的逻辑关系还是一样，但是技术让整个场景的效率发生变化，让利益相关者的收入成本结构改善。项目只要有数据技术资源的优势，一定会火起来。

To C 端两极分化，大多数情况下是弱连接，用户忠诚度差，极少情况是极强链接，它比较稀缺。但产业链中聚集在某垂直场景中的连接是多年商务关系、场景习惯培育出来的强连接，它容易做出黏性，造血功能也更强。

当传统场景要实现互联网或者信息技术的升级和改造的时候，需要采购技术来搭建互联网环境下新的商业模式，其他人需要利用科技手段建立商业链接，需要找到这样的技术平台，投资者要做的就是找到这些技术供应商，投进去。

首泰金信喜欢早投。早投的好处是项目估值便宜，并且投资方比较强势。早投也有一个问题，就是很可能投资方还没看到商业变现的曙光时，项目就失败了。所以投资方要找准价值起飞点，也就是所谓的拐点。任何一个行业、一条产业链或是一家企业，都有一个价值起飞点，它们不是线性平稳上升，而是一开始不显山不露水，就像达到沸点之前的水，水面看起来还是平静的，等到天时地利人和，价值就会一下子爆发。

拿下大客户，不靠关系靠实力

在场景中，企业服务的客户有大企业客户和小企业客户之分。中国和美国的生态不一样，两国的大企业客户和小企业客户也不一样。

初创型公司要想获取大企业客户，其产品本身要过硬，要能帮企业解决问题，并且是排他性的，别家公司做不了，这样才可以在产业链上下游把握有利地位，才可以和甲方保持一个比较好的商务关系。

如果初创型公司没有商业专卖权，"基因"不行，那投资方为什么要投呢？

投资方在技术融合时代的跨界玩法

技术的演进给一级市场的价值共享和生态圈留下了得天独厚的空间。现在技术普遍趋势都是云化、数据化和人工智能化，无论企业的商业模式在垂直领域如何变化，数据最终都会上云，都有可能被人工智能替代，这背后都有共性，都有可延展、可共享的东西。投资方可以帮所投企业搭建价值池、资源池、信息池。

垂直场景下的公司相互之间相对比较封闭，比如说金融服务场景，银行这种体量的大客户可能有一千个供应商，它们之间其实并不会互相联系，首泰金信就会跨行业地帮企业引荐客户。在技术融合的大背景下，跨界的空间比较大。

投资方投资的时机也很重要，早给和晚给，给多和给少，效果都不一样。

投资方还可以帮所投企业进行模式梳理，甚至带来技术，这些东西对于所投企业的成长比较关键，但光靠它们自己去摸索会比较困难。

如果是并购基金，作为多数股东，投资方甚至可以引入一个团队来提升企业的管理水平。从少数股东的角度来讲，最佳的方式是搭建一个所有被投企业都可以进来的资源池，把关键要素陆续放到这个池子里，比如池中有一家专门提供数据源的公司，当某家被投企业走到某个对数据需求特别强烈的阶段，投资者就可以帮它们进行对接。这些对接必须是建立在真正的商业合作的基础上，就是说 A 和 B 本来就可以合作，只不过之前没有合作路径，现在投资者把两方都连接上，去研究开辟新的商业前景。对接的最高境界是创造出一个全新的产业链。

因此对于投资者来讲，我们的护城河以后可能就是我们的差异化的价值池、我们构建的垂直领域的资源，这种强势的资源会在投资的不断演进中得以自我巩固。其实每次在行业峰会上听到同行们都在讨论明年风口的时候，我都希望有朝一日大家比拼的是资源池的价值，那么对企业、对投资行业都是好事。我相信在不久的将来，中国会出现真正的产业并购投资，真正以提升企业价值为驱动的并购投资行为和基金实体。在那个时候，垂直、纵深的资源池的价值就更加可观。

不同产业链有不同的价值起飞时间点

一级市场的周期长，投资人不但可以选择一个好公司，甚至可以帮助创业者去创造一个好公司，因为横向的东西多，投资人可以帮项目方造出消费垄断权，造出商业专卖权。说白了，我可以从一张白纸开始，造出一个好公司来，价格上还可以商量，这个才是一级市场的吸引力所在，或者说是价值投资比较高级的一种玩法，在二级市场上是没有的。

这种玩法一定要和产业结合，如果不和产业结合，不去深入研究产业规律，不懂未来趋势，眼里只有财务指标，有什么用呢？我是学财务出身的，财务数据无非是一种心理安慰，但是投资者不知道数据背后的规律是什么。一个企业在现有资源有限的情况下，主动把资金投入技术研发等关键环节，光从财务上看，这家公司亏得真厉害，但是过了一段时间，关键技术迎来商业应用的爆发期，它的财务就能迅速回归正常。假如企业要在爆发期来临时再去研究关键技术，基本上就晚了。这种时机的判断，不是通过财务分析或是拍脑门就能定下来的。

不同的产业链都有不同的价值起飞时间点，有些产业链一时半会还见不到拐点，链条上的大多数企业都在赔钱，投资者应该时刻关注和培育。这种介入的性价比很高，因为在介入的同时可以掌握一些行业最新信息，并从中找到投资机会。

投资是个多因一果的行当

投资不但属于金融范畴，而且是一个哲学话题，还与艺术有点关系。投资者看待和认知这个世界的方式决定了投资逻辑。

我追求的投资最高境界是一种不可说的状态：我知道这个项目真的好，但是我说不出来。

带我入行的师父说过，投资经理是用复合材料做成的特殊的合金钢，不能太脆，还得坚韧，耐火烧。我觉得他说的很有道理。投资经理既要能见物，还要能见人；既要懂营销，又要会研究。投资经理做的每一个项目都是在营销自己，白天要出去找优质项目，见企业家、见LP、见合作方，晚上回来要读报告，做案头的东西。投资经理的智商要高，情商也要高；不能太偏理，又不能太偏文，这个真的特别难。

做一级市场投资，学什么并不重要，甚至数学都不是很重要，只要投资者会基本的四则运算即可。投资者在写报告的时候别弄错了小数点，逻辑严密，其实就够了。

数学是单因单果，而投资是一个"多因一果"的事情，"果"就是回报率。投资有无数个因，最后只产生一个回报率，这个不是简单的自然科学可以类比得来的。但是我所信奉的是，投资者的内心中一定要有一个所谓"信仰"的东西，或者说有一个对世界的比较终极的认知体系来指导自己的方法论，并在投资的实践中不断磨炼，将这种"信仰"升华。

对我来讲，这种"信仰"就是价值投资。而这个"信仰"的核心就是想方设法地去"创造"一些价值，那么回报自然也就来了。这个账投资者要算清楚，这也是投资者的特殊价值所在。我希望除了钱，投资者能够给企业带来一些不可定价的东西，可能是生意、资源、信息、等等。我也会坚持这样做。

刘冲　首泰金信投资合伙人。曾任量宇基金合伙人、维思资本合伙人。秉承价值投资理念，是价值投资 3.0 理论即一级市场价值创造投资理论的践行者。曾主导亿元级别项目的投资和管理，这些项目包括西贝莜面村、灵集科技、摩邑诚、微吼互动、车通云、兼职猫等。

7.1　离钱更近的传统行业正在成为新赛道

- 谈文舒（新势能基金管理合伙人，安芙兰资本投资总监）

早年间我曾先后在摩托罗拉和路透社工作，自己也曾创业，后来转行做投资，目前和吴世春老师一起合作。

中国互联网已经进入下半场，这是市场的共识。我们以前投资了很多互联网项目，包括互联网工具、互联网游戏还有像 Solo 桌面这样的流量入口。互联网进入下半场以后，工具类和流量类的项目已经没有投资机会，这时候我们需要重新审视互联网市场。

发现新赛道：传统行业的产业升级

当前中国的创业格局里有很多赛道，无论对于创业者还是投资人来说，选择竞争过于激烈的赛道都是极具风险的。原本很多赛道都有非常不错的毛利空间，但如果大量创业项目快速涌入，而市场需求不能够及时爆发的话，大家的毛利空间就会被迅速压缩，这些赛道里的项目就很难实现盈利了。最近比较火的共享类项目就是典型代表，门槛低、投资多、市场竞争异常激烈，创业者想要功成名就非常困难。相比之下，许多传统行业的进入门槛高，行业从业人员的创新意识不是很强，如果创业团队经验比较丰富，成功机会能大很多。

目前，来自行业内外的两部分压力正在转化为动力，推动传统行业进行产业升级。我从 2016 年开始走访了很多传统企业，其中有很多都属于制造业，比如制造餐饮厨具、五金、服装的企业，我发现这些传统行业目前正面临五大挑战：订单减少、银行去杠杆、环保压力、劳动力成本过高、传统渠道疲软。这些挑战为传统行业的产业升级提供了内部动力。同时，传统行业的产业升级还面临着外部压力。首先，电商的入场打破了原有的行业规则，很多行业的传统渠道失效了；其次，过去中国经济依靠投资、出口、房地产"三驾马车"，现在房地产市场大不如前，出口订单又在减少，制造企业必须寻找新的出路；同时，BAT等知名互联网企业的发展造成了大量互联网人才的溢出，越来越多的互联网人才将加入传统行业；最后，资本正在市场上扮演着催化剂的角色，能够对一些行业和企业进行"催熟"，一些公司在过去可能需要成长几十年，现在依靠资本的帮助，几年之内就可以成长为上市公司。在移动互联已经普及，物联网、大数据、人工智能等新技术不断应用的大背景之下，各个行业的组织关系都在重构。

有些蕴藏着巨大机遇的传统行业以前没有被大家发现。"鱼大大"是我们2017年投资的一个项目，它是一个专注渔业市场的平台。全国云计算的市场规模是516.6亿元，而龙虾的市场规模保守估计是564亿元。云计算是这两年被热炒的话题，相关项目投资很多，可是如此受大家关心的一个科技行业，却还没有司空见惯的龙虾市场大。

所以在互联网下半场，传统行业的产业升级是一个充满机遇的赛道。

传统行业无须模式验证，产业升级是合作不是革命

互联网上半场的竞争基于流量，投资逻辑很简单，先通过各种手段拿到流量，然后通过广告、电商、游戏、直播等方式将流量变现。那个时代善于搞流量，变现效率高的人就能够成功。但是互联网上半场的战斗已经差不多结束了，现在赛道里基本都是巨头。时间进入到了下半场，传统行业的产业升级离钱近，离BAT远，独角兽对它们的影响小。不同的传统行业有不同的盈利方式，我们需要了解更多的行业，了解它们的方式。

根据新势能的经验，一个企业在发展过程中要经历四个阶段，分

别是模式验证、规模扩张、力压群雄、上市规范。第一个阶段是模式验证，创业者打造的新模式往往都会存在一些问题，有时候甚至需要对市场进行教育。比如现在流行的共享设备和一些特别新颖的模式，都是需要一个较长的教育市场的过程。新势能希望面对一个成熟的市场，只需要通过一些微创新，就可以实现产业的升级进步，就能把一家公司做起来。而传统行业的商业模式早已经过验证，不需要再担心能否收得到钱，而且很多传统行业自带规模，不用培育市场。这是新势能投资传统行业的原因。

在新势能的投资观念里，投资就是投人，靠谱的创业者远比精妙的模式更可贵。创业者在创业之初可能还没有确定商业模式，需要不断调整，但只要创业者本人合格，团队能够凝聚在一起，这家企业总能做出来。而一个企业创始人必须具备三大核心素质：专业素质、管理素质、盈利素质。首先要有专业素质，不论创始人从事什么行业，都要对这个行业有充分的了解。所以在互联网下半场投资时，新势能非常注重创始人对行业的了解程度，同时也会关注创始人是否具有丰富的行业领导经验和敏锐的赚钱思维，即管理素质与盈利素质。传统行业的高管比较容易同时具备这三种素质。"聚玻网"是新势能在2016年投的一个项目，现在已经完成两轮融资，估值四到五亿元人民币。它的创始人以前是浙东玻璃的CEO，大概四十多岁，对玻璃行业非常了解。玻璃行业也是传统行业，以前存在很多问题，比如交易过程中存在的信息不匹配、欺诈、低效率等。这个创始人通过打造聚玻网，用互联网提高行业效率，为行业上下游企业提供需求对接、物流、供应链金融、出海等服务。现在这个平台交易流水达到数十亿元，自营收入超过五亿元。

新势能做天使和VC的路径都比较长，需要七到八年时间，有些

LP可能承受不了。而投资传统产业升级的项目，投资者只需要五年左右的时间就能打造一家上市公司。"集餐厨"是新势能2017年投的一个项目，主要为餐饮企业提供餐具和厨具的B2B一站式采购、配送、安装、售后服务。运营一年来，交易规模过亿元，企业已经实现盈利，还打造了一个餐具的自有品牌，实现了1.4亿元的销售额。大家可能有所不知，餐饮行业中餐具和厨具的销售非常火爆，但这个行业的死亡率是70%，而且源源不断地有人进场，新人进来以后购买的东西往往溢价比较高，所以厨具经销商赚钱非常容易。电商出现后行业内开始打价格战，靠低质低价争取市场。于是"集餐厨"的创始人，带着改变行业的情怀，依靠十几年的从业经验创办了这家公司。现在"集餐厨"在吉林省的市场占有率超过70%，在黑龙江省和辽宁省的市场占有率接近50%，营收也非常好。

并不是每个传统产业都能马上升级，我们需要把握升级的关键节点。举个例子，"趣学车"是新势能投资的一个项目，这个项目出现于2015年，因为当年国家出台了政策，对驾考行业改革，允许学员自学自考，打破了驾校的垄断。很多驾校因此感觉到了危机，以前服务再差也能招到学生，现在情况变了，驾校也需要提升服务、拥抱互联网了，于是"趣学车"的创始人刘伟俊把握到了机会，联合驾校开始做驾学产业的升级。

产业升级不是要革命，更不是要颠覆谁。"趣学车"不论发展到任何城市，其价格都一定比当地驾校的学费贵，因为它提供的服务非常好，如果"趣学车"打价格战，自然可以把客单量做到很大，但是会遭到地方驾校的抵制，所以它采用了高价格、高服务质量的方式。虽然会抢一部分传统驾校的"蛋糕"，但是同时把整个市场的客单价拉高了，所以整个行业对它还是比较友好的。

产业升级离不开团队与认知

想要投资产业升级，第一步是要找到一个靠谱的团队，而且这个团队应该以传统行业的高管为主导。吴世春老师有句话非常好：人的一生都在为自己的认知买单。很多传统行业的从业者没有发展好，并非是能力不足，而是认知不到位。所以传统行业的高管想要在产业升级中取得成功，要对自己的认知进行升级，同时还要有情怀和胸怀，能够接纳互联网团队，请他们参与进来，大家共同把工作做好。靠谱的团队还应该包含一个上接 VC、下接地气的高管团队。

在我国，情趣用品行业是一个发展很快的行业。根据淘宝的数据，目前情趣用品销量的年增长率为 50%。值得一提的是，很多 90 后把情趣用品当作一个玩具，经常会更换，而且复购率很高。一提到情趣用品，很多人会觉得欧美国家做得很好，其实这种情况已经改变了，中国在这方面的创新已经超过了欧美。但是情趣用品产业在中国属于一个低端产业，而且以前受到强监管，很多传统企业主不愿意投资搞研发、搞品牌，总是在想"打一枪换一个地方"。但是，在消费升级的大背景之下，越来越多的使用者对产品的设计和功能提出了更高要求，而且情趣用品是要和身体接触的产品，不能只拼价格，很多消费者也开始注重质量。所以在增长率如此快速的情况下，情趣用品行业也需要进行产业升级。丽波科技是新势能投资的一家主营情趣用品的企业，这家企业的 CEO 希望把公司做成情趣用品行业的"小米"，建立一个完整的情趣用品生态圈。这家公司非常重视互联网迭代，团队非常专业，客服人员在新产品出售之后会马上收集用户的反馈，根据用户的意见通知研发部门做调整，然后进行产品迭代，有时一周就会迭代一次，其硬件迭代的速度甚至比很多软件迭代还要快。

产业升级还要引领行业的认知。在自媒体快速发展的今天,很多行业媒体都已经过时了。有些内参和行业报都是半个月更新一次,而互联网上的新闻都是一天更新一次,有些内参和行业报早已跟不上时代的速度,所以这时做产业升级非常需要行业自媒体。刚刚提到的"鱼大大",拥有100多个员工和200多个公众号,目前渔业行业中的公众号有70%都是"鱼大大"的,不但CEO有自己的"鱼大大"公众号,公司每一位高管也都有一个公众号,用来做各个细分行业的宣传,比如专注于螃蟹的公众号、专注于小龙虾的公众号、专注于鲫鱼的公众号等,他们控制了行业媒体,帮助水产养殖户进步、增产,同时做产品推荐,所以营收一直在高速增长。

SaaS产业难以切入,B2B赚钱靠自营

在产业升级中,SaaS不是一种很好的切入模式,切换成本高的同时,收入堪忧。虽然很多传统行业并没有那么高大上,但是它们有自己的自动化办公系统(OA),在这种情况下做SaaS需要进行数据迁移、习惯迁移和员工二次培训。而且很多传统企业的老板不想为此付钱,因此SaaS很可能会面临收入不好的情况。

B2B交易能够成就平台机会,但是要赚钱还得靠自营。

传统行业升级具体要看产业环境,摆脱作坊化的情况是目前的当务之急。服装行业、情趣品行业很多都是作坊化生产,一个小厂雇十几个人,去国外接一个几百万美元的订单,没有工人就找家里人,没有订单就把工人裁掉,这是典型的作坊化生产。我觉得每个细分行业都有产业升级的机会,很多行业老板都能赚到钱。前两天我们去广东彩塘,很多农村家庭财产都过千万人民币了。他们专门做五金、不锈

钢，都很赚钱，但每家都是前店后厂，没有品牌更谈不上研发，他们也想升级，但没有人引领，而且升级需要一定的过程。

　　投资产业升级要推动创新和技术成果的落地，而实现信息化和大数据的驱动能够提升行业的效率。为什么要注重信息化和大数据呢？很多传统行业的老板最愁的是账期，钱被上游行业压着，生产还必须有投入，没有钱，银行又不借，怎么才能借到钱呢？很多互联网金融公司就认数据，基于真实的交易数据就能授信，有了数据，能够借到钱，就能够保证资金链，所以要实现信息化和大数据的驱动。

谈文舒　　新势能基金管理合伙人，安芙兰资本投资总监、早期投资负责人，北京新四板常态化评委。

7.2　中国智能家居投资逻辑不能照搬美国

■ 王毅（同渡资本合伙人）

　　创新是有周期的。十年前，有了第一代 iPhone，有了 IOS、安卓，App 应用市场如火如荼，开始疯狂吸金。消费者就像是一个懵懂的孩子，突然发现这个世界有这么多好玩的东西可以用，大家的手机里装满了各种 App。随着微信这类超级 App 的出现，流量开始往超级应用汇聚。过去十年的移动互联网商业模式创新是基于科技创新（智能手机出现并被广泛使用，移动操作系统的使用），截至 2017 年，基于上一波技术创新之上的商业模式创新已经进入瓶颈期。未来十年，又将有一波新的技术出现，并随之诞生新的商业模式。

　　我的好奇心比较重，我看项目的第一反应是，这个东西的原理是什么。如果搞不明白，我心里会发虚。所以同渡资本比较青睐有工科背景的人才，他们在大学具备了工程师的逻辑思维，之后再去看很多项目时，比较容易触类旁通。

当然，工科背景的投资人的弱点在于偏保守，过于重视初创项目的技术风险与市场风险。早期项目本身就存在很多风险，如果投资者过分放大风险因素，会错过很多有潜力的好项目，这是投资者需要突破的一点。如何掌握好平衡？项目里的核心亮点是什么？其所带来的正面效用是否可以覆盖风险？如果这些问题的答案都是正面的，这个项目就可以投。

同渡资本的基金周期是九年，主要投早期项目，以 Pre-A 和 A 轮为主，也会涉及 B 轮。同渡资本现在是两条腿走路，既看医疗健康，也看智能技术。我主要负责寻找智能技术领域的项目。

现在是智能家居投资的转折期

我从 2013 年就开始看智能家居，但一直没有出手。2013 年、2014 年的时候，出现了一波又一波做智能插座、智能插排的项目，那时候各种路演会上智能家居项目很多，曾经在一个路演上看到四个项目都是做智能插座的，功能大同小异：将电器插到插座上以后，手机可以通过蓝牙或 Wi-Fi 等无线方式与其联通。在极少数情况下，用户可能需要这种功能，比如出门后想起来屋里空调没关，通过智能插座便可以远程控制关闭插座。但这种场景的使用非常低频，而且并非刚需，用户体验也没有太大提升。

需求有存量和增量两种。增量需求不适合创业公司去挖掘，用户教育的成本太高，只能由有实力的市场领头羊去做。智能家居属于先有存量再有增量的行业，应该先解决用户的既有痛点，然后再考虑引导用户产生新需求的事情。

智能家居行业，我更看好 2B2C[一]模式，而不是直接就 B2C。

首先，C 端教育成本太高，即便消费者能接受某套智能家居产品方案，其需求也是零散的，而智能家居所涉及的地方太多，用户很难一次性买齐一套。家里所有电器、窗帘、门锁等都属于智能家居的范畴，目前市面上还鲜有企业可以提供一整套完整的智能家居解决方案，这个解决方案要逐步完善。

还有一个原因：智能家居的产品研发涉及物联网协议，国家层面会出台相对通用的标准，但这些标准只能定框架，不能定细节。这个就类似于通信协议里的私有字段，国家是不能靠强制力量去约束的。海尔、美的、长虹、海信等各大企业在智能电器产品布局上都自成体系，很难做到互联互通。各家都想尽办法卖自家产品，把用户放在自家生态体系里，因为用户可以不断产生新数据，而这些新数据很有价值。

人一生 80% 的时间是在室内度过的，这个室内主要包含两个场景：办公和居住。第一阶段可以从办公场景入手，诸如商用大厦、写字楼等。这些场景对于智能空间的需求更多，因为它们更有整体性，不易割裂，B 端用户在通过智能化手段提高单位面积使用率、降低能耗成本等方面有强烈诉求。随着国家逐步推广全精装入住的标准，家装场景中，毛坯房将越来越少，这也就意味着整体上前装家居市场在逐步扩大，这个场景下的智能化会稍微复杂点，因为个体用户的个性化趋势在所难免，个性化和标准化的平衡是前装民用住宅的努力方向。

[一] 2B2C，Business to Business to Customer，即"企业－企业－消费者"模式，企业经由赋能 B 端而服务于 C 端。

无论是办公还是居住，智能家居目前更适合在前装阶段进入，而且是从楼宇设计时就开始介入，而不是后装阶段。楼宇设计完成后，需要施工和监理，智能家居方案解决方楼宇在设计师设计完楼宇方案后，将这套设计完全变成一个数字化楼宇，可施工、可追溯、可监管。

智能家居项目，我看重数据获取能力

2B2C 模式的好处在于用户教育成本低，如果将智能家居全套产品通过前装方式进入用户家庭，潜在用户的激活概率很高，他们不可能什么功能都不用。激活之后，项目方就可以把用户的行为数据收集起来，无须烧钱。

对于智能家居领域的创业项目，我比较看重他们能否持续获得数据，有了数据才有想象空间，才有可能通过数据分析和挖掘，从而反向给用户或家庭打标签。分析完用户行为后，就可以推送产品或服务。如果获取到的数据足够精准，可以了解到用户喜好与身体健康等数据，就可以给用户推荐旅游产品，制订健康计划和饮食结构调理方案。以上这一切，都取决于所获取的数据种类和丰富程度。

创业公司获取数据有多种方式，有去网上扒数据的，还有花钱买数据的。从网上扒的数据量很大，做完清洗、筛完之后就没剩多少，若是再去给用户打标签，要么是打不出，要么就是打的标签太粗糙，效果很差。

而花钱买数据有两个问题。

第一，核心数据已经买不到了。BAT 版图里的企业所掌握的优质数据不会卖给其他创业公司。

第二，联通、移动、电信的数据是最全的，网民上网的所有数据，不管走基站还是 Wi-Fi，都要通过这三家运营商的核心网络。问题在于，这部分数据该怎么用，谁来用。

国家对于个人用户隐私管理得非常严，运营商的数据没有脱敏，不能拿到外面去用。前几年有很多做大数据精准营销的公司都在向运营商买数据，它们通常的做法是把设备放到运营商机房这个封闭环境里去运行，运营商源源不断地为设备"喂"数据，跑出个结果来，大数据公司就可以把结果带走，但数据本身不能带走。同时，有价值的数据应该是动态的，公司如果买的是一潭死水，价值十分有限。要想预测未来，公司就需要一直保持动态数据更新，这个需要投入的成本非常大，而且受制于数据提供方，哪天它不卖了，公司的危险就很大。所以公司最好能够自行产生数据，并且尽可能降低成本。

2B2C 的好处是：卖方卖方案给 B 端，B 端再把它卖给 C 端，C 端产生数据，卖方就可以跟 B 端共享数据，从而实现低成本快速部署，同时获取数据。

智能家居入口在哪里

什么会成为智能家居的入口？不好说，也许到最后，会是一个投资者完全没有想到的形态。

同渡资本过去看过很多做入口的公司，其中有把 Wi-Fi 当入口的，有把电视当入口的，有把门锁当入口的。我认为，音箱不会是入口，至少在中国不会。

要想成为智能家居的入口，这个入口起码具备两个功能。

第一，它应该是不可或缺的。也就是说，它应该代表了一个刚性需求，缺了它，整套智能家居就玩不转了，如果做不到这一点，它作为入口的意义就不存在了。

第二，它应该具备一种类似于中心的功能，可以提供连接作用，且不可替代。

结合这两点看，音箱很难成为一个入口，它本身在中国家庭不是必需产品，其背后连接的很多内容资源也可以由其他硬件载体呈现。

有一段时间，人们把电视机顶盒当作一个入口，市面上出现了各种盒子，没有任何认证，内容质量无法控制，最后被广电总局封杀。实际上，电视这个载体在家庭里所占的空间正在逐渐下降，但是大屏不会减少，人们在家里仍然需要更好的视觉效果。不管未来如何变化，总要有一个载体在家居里呈现内容，至于这个载体是一台电视、一个投影仪还是一台 iPad，都有可能。

智能家居市场，中国不能对标美国

中国的智能家居市场对标美国比较难，因为中国人的生活方式、生活习惯和成本构成差异化太大。中国消费者是最难伺候的 C 端，因为中国的消费者对产品的性价比追求到了极致，即最好是免费给消费者最好的东西。目前消费者很少有动力去采购智能家居硬件并且还愿意为之付服务费。

空间和生活方式决定了用户的需求。对于智能家居的取舍，消费者最关心的有两点，一是便利性，二是成本。

美国地广人稀，复式、别墅等大户型房子比较多。通常来说，房子面积越大，对智能化、便利性的需求就越高。而对于 90% 的中国人来说，对于空间上的便利性需求不是很高，因为没有太多人住在别墅里。如果我家只有一层，我躺在卧室，看见客厅的灯没关，直接走过去关上再回来，也就是几秒钟的时间，这和我拿着手机打开App将灯关上，差别不大。

在美国，能源成本在家庭中所占比例相当高，每家每户都需要利用智能家居设备来感知行为，以调节屋内能源运行方式，实现最大节约。而中国的家庭对自己的能源成本负担方式和美国有很大不同。长江以南没有暖气，居民供暖要么自己开空调，要么自备电暖；北方一直都是采用集中供暖的方式，现在虽然有了自采暖，但这只是一个方向，由于涉及硬件替换，改造过程比较缓慢。

真正优秀的智能家居技术，是让人体验时没有感觉，比如用户对光敏感，当他进屋时，屋内灯光可以进行自动调节。要达到这种效果，有两个要件：一个是环境感知，这取决于传感精度；另一个是生活习惯。

每个人的生活习惯都不一样，智能家居需要一个比较长的时间去学习用户习惯，比如用户对哪种温度比较敏感，在别墅的哪层待的时间比较多。但到了中国，智能家居的学习成本变高了，因为在中国，几代同居的概率更高。在三代同堂的家庭中，小朋友最适宜的光线和老人的肯定不一样，中国的房间结构决定了智能家居只能以房间为单位，而不能以层为单位，这就直接影响智能控制的精确度，分区越细，学习成本越高，部署困难越大。

做创投，最可怕的是脱离一线

做了这么多年投资，我最大的收获是认识了一帮好朋友，他们绝大多数都是创业者。我比较注重与人的沟通，我和所投企业的创始人就像是兄弟一样，关起门来百无禁忌，但一旦方向出问题，或调整不到位，也会拍桌子。我很享受一起做事、一起渡过难关、一起收获的过程。

在来同渡资本之前，我曾经在一家大型投资机构负责 VC 业务，决定接手这项业务，我是下了很大决心，也投入了很大精力，从无到有组建了一支 VC 队伍，队伍里的每个成员都不计短期利益与个人得失，有着超强战斗力。我记得那个时候，我一边建团队，一边跑项目，压力很大，吃的药比吃的饭还多。后来工作逐渐步入正轨，团队弟兄们的工作状态非常好，每次开会，每个人眼睛都是亮的，完全是自我驱动，不需要我多作动员。由于各种因素，我没有把这个平台带到我所期望的高度，这也是我现在每每想起都觉得遗憾的一件事。

在创投圈，靠混脸熟是混不出名堂来的。只有当你的投资案例足够丰富，投资逻辑比较清晰，别人才会愿意跟你交流。我在创投圈里的朋友，性格都比较类似，大家都属于实战型的。这个行业最可怕的是脱离一线，脱离时间长了，投资者就没有判断能力了。

我和现在的合伙人吴蓉晖会定期复盘，聊聊最近投过的与没投过的项目，看看哪些项目是因为我们考虑的风险过多而被我们拒绝的，在哪些项目中我们过于看重其团队的能力而忽略了行业上的考量。同渡资本每个季度会做一次投资案例复盘，北京、上海两个办公室的团队成员聚在一起，主要负责人把这个季度最值得探讨的案例拿出来分享，讨论投资决策过程中应关注却被忽略的或应忽略却过于关注的因素。

做创投这行需要不断调整，但不用后悔，经常会有投资者说当年错过阿里巴巴、错过滴滴出行、错过几个亿人民币，坦白说，即便把时间轴拉回当年那个点，这些投资者还是不会投。项目在成长，投资者的认知也在变化，后悔不如复盘与反省更有建设性些。

王毅　同渡资本合伙人。曾任昆吾九鼎投资 VC 基金董事总经理。专注于信息技术领域的投资，成功投资了闪送、快仓、众盟、易充无线等耳熟能详的项目。转行做投资前，在西门子、华为等企业有近十年的无线通信行业工作经验。

7.3　人工智能是金融科技的未来，并购是文体企业的出口
■ 林涛（涛略投资创始人兼董事长）

我在债权市场战斗了 18 年。从债权市场转战股权市场的原因有三：一是金融发展正在从债权性社会转向股权性社会，股权投资也正在被更多人认识了解，债股联动在金融机构逐渐成为常态；二是"双创"成为上至国家层面下至普罗大众的全民共识，小微企业很难从债权市场获得足够的发展资金，资本的力量可以帮助优秀创业者实现梦想；三是国民素质在不断提高，这也是契约精神的体现。

债权市场从业背景对于我做股权投资有帮助，也有掣肘。

好处是，项目中凡是涉及金融场景及资本运作方式的地方，我都能为项目方提供比较到位的意见。但做债权时间长了，会习惯性地将风险放在第一位。债权适用短板理论，一丝纰漏都会造成致命性风险；股权投资主要看长板，所谓瑕不掩瑜，有没有短板是 B 轮以后再考虑的事了。

但这事本身也不是完全不好，很多创业企业在 B 轮后止步，不能获得 C 轮融资，都是因为有各种各样的问题，如果在早期就对问题有清醒的认识并加以解决，后期经营的成功率也会更高。

我投互联网金融或金融科技项目，是基于我对未来中国金融市场的信心。首先，金融市场终将成为中国经济主体的支撑部分，它一定

不会，也决不能出现问题。其次，技术的进步，正在推动整个金融业管理的高速发展。最后，产业场景已经转换。十年前中国还是制造业和农业大国，十年后已经变成服务和消费大国；十年前创业投资找不到合适的项目，十年后加工型企业和低成本制造企业要么转型继续活着，要么死去。

正规部队杀入互联网金融非银机构或将退出

金融离不开对实体企业服务的范畴，想有所创新，就离不开两个场景的突破。

一个是技术场景突破。区块链就是个很好的例子。区块链涉及的共识机制和加密算法均属于数学领域的概念，但它在金融领域里找到了场景。以前很多企业做灾备计划，需要建立多个数据中心来满足异地和灾备需求（假如将数据中心建在国外，价格更是不菲）。这些数据中心大多存在主从关系，当主中心出现问题，备用中心接替过程不但耗时较长，且易出问题，严重影响用户体验。区块链的介入，可以实现多中心化或去中心化，每个数据库都是中心，互为备份。

另一个是行业场景突破。中国的消费领域有四大场景：第一个是教育和培训；第二个是休闲旅游；第三个是内容消费品；第四个是大健康。未来五到十年，大健康将是金融领域的下一个机会，虽然现在还没有人专门去做。金融是一只嗅觉特别灵敏的猴子，当某个场景的客单价与受众达到一定规模，它一定马上就会攀附而上。

金融创新离不开整个社会经济结构及特定行业政策与实体经济的发展。在20世纪八九十年代，消费的场景和整体规模有限，消费金融就发展不起来。反观现在，哪个行业没和金融"沾亲带故"？

从 2013 年到现在，互联网金融风起云涌，虽然也遭遇过低谷，但总体来说，互联网金融的发展呈现出的是一条上升的曲线，因为互联网金融不再仅仅是非银机构的舞台，银行也在陆续进入。金融产品和普通商品无异，卖的是价格，拼的是质量。银行进来之后，非银机构会很快退出，因为前者的品牌公信力及风控能力都要比后者强很多，并且价格便宜是主因。

在风控水平相仿的前提下，更看重金融项目的获客能力

金融产品有个特点：客单价高的，天然适合线下场景，这些产品追求"非标""定制化"和"高回报率"标准；客单价低的，天然适合线上场景，这些产品主打"分散""高频"和"快速"标签。

这两个方向的项目，只要有好的产品、技术和团队，项目都在涛略资本的投资范围之内。

我一直以为，只有不好的产品，没有不好的金融模式。中国的债权众筹和股权众筹都是从美国学来的，债权众筹采用的 P2P 模式和股权众筹采用的合伙人模式从结构上来讲都没有问题，都是属于中介服务，只是有的企业把它做歪了，成了非法集资。

有些投资人比较在意金融项目的风控能力。风险有两类：可控的和不可控的。可控的风险有三种：道德风险、操作风险和经营风险。不可控的风险有两种：行业风险和系统性风险。在可控的三种风险中，道德风险是通过物理隔绝及对员工的教育和实时监督来实现的，操作风险可通过系统的集中化、标准化、流程化和规范化设定来解决，经营风险则通过对客户的判定及评估来完成。

金融机构把握不住风险，大抵有如下几点原因：首先是缺乏常

识,其次是忽略了这三种风险,再次是没有考虑到违约成本。当然,还有一些是别有用心,比如说诈骗。

与风控能力相比,我更看重项目获客能力,因为我对于风控很熟悉,可以为缺乏风控能力的项目从贷前到贷后植入一套完整风控体系。而获客能力中最重要的是场景获客能力。即便是顺丰这样的巨头,在全国有两亿客户,但那些客户都是消费客户,并非金融客户。在商业场景缺乏的情况下,这两亿客户都属于潜在客户。

大众体育项目大多不具备上市能力,并购是出路

除了金融,我还关注文体产业。前者是专长,后者则属于兴趣。我对中国体育产业的基本观点是:悲观中孕育乐观,乐观中充满谨慎。

体育分竞技和大众两类,竞技类体育属于万达和阿里巴巴那些巨无霸的舞台,我主要看大众体育。大众体育里有些项目比较小众,我们就把小众做深做透;有些项目具有普适性,我们就推动其平民化、娱乐化和公益化。

跑步这类赛事项目本身很难赚到钱,其盈利来源主要是报名费和赞助费,其次是通过推广教授正确的跑步方式赚钱,跑步装备和配套设施市场也很大。说白了,要想将大众体育产业化,不要想着从赛事中盈利,而是要从周边产品和小众产品赚钱。

对于单点产品企业来说,要想成长为行业内的独角兽企业难度太大,因为它们竞争不过产业内的传统巨头。诸如手环之类的过渡型工具也没有太大的投资价值,除非利用手环捕捉数据,然后利用数据为客户服务。

这些企业都不具备上市能力,但它们可以成为大企业的补充或是工具,换句话说,被并购是它们的主要出路,它们也具备技术并

购或数据并购的价值。

团队如兄弟，创投似联姻

我判断项目核心创始人是否靠谱有几个标准。首先看第一印象，通过面对面交流判断其经历和性格；其次看能力，能力是基于其过往资源与经历来体现的；第三看家庭。

除了给核心创始人打分，我通常还会给核心团队打分，两者比例大概是 6:4。

团队成员间不是说互相补短板就行，首要考量的是同频与共振。团队是否在追求同一个目标？成员间的经历是否近似？只有教育背景、生活阅历、家庭背景匹配，成员间才能培养出近似的世界观、人生观和价值观。

创业团队成员之间是兄弟关系，投资者和创业团队之间则是夫妻关系。投资者和创业团队能否走在一起，就要看他们之间能否擦出火花，投资者的个性能否和创业者的个性产生共性。

林涛 涛略投资创始人兼董事长。团中央"创青春"中国青年创新创业大赛评委，央视财经频道《创业英雄汇》嘉宾。教育部"互联网+"全国大学生创新创业大赛总决赛评委，中国科学技术协会全国科技工作者双创总决赛评委，中关村 U30、清华经管加速器及多所高校创业导师。

7.4 价值投资的两把利器：战略布局 + 产业协同

- 刘理勇（华耀资本创始人兼董事长）

华耀资本主要关注 TMT、医疗健康和文化消费三个领域。TMT

是华耀资本在前几年做的布局，主要聚焦移动互联网，包括数字营销、大数据、社交等细分领域，所投项目占所有投资项目的2/3；在医疗健康领域，华耀资本投了春雨国际等有一定影响力的医疗服务品牌；在文化产业领域，华耀资本则刚刚开始发力。

华耀资本投项目有两个特点：战略布局和产业协同。项目要和国家政策高度吻合，要与国家的产业政策相契合，同时又要代表产业格局的未来演变方向。正是由于采用沿着产业链进行战略布局的投资策略，华耀资本所投的项目自然而然地在产业链上形成一种互补关系。华耀资本成立至今投了一百多家企业，其中移动互联网有五六十家，这些企业基于对我的信任，在华耀资本搭建的平台上会经常开展紧密交流，这些项目本身都很优质，业务上也形成互补，产业协同效应非常明显。

为所投企业提供增值服务，说起来容易，做起来很难。我做了17年投资，最早在A股上市公司鲁信创投就职，后来出来创立了华耀资本，创立之初我也会喊"增值服务"等，但我知道我还做不到，如果只投了两三个项目，怎么做协同？直到现在累计投了百余家企业，我才慢慢有得心应手的感觉。能做到这一点，是一家专业投资机构长时间积累的结果，也是它的核心竞争力之一。

TMT：有价值的项目值得等待

一级市场的流动性比较差，但只要企业真有价值，未来无论是并购也好，上市也罢，都很容易实现。关键还是项目本身要好，比如其技术世界领先，又得到商业化验证，市场空间巨大，这样的项目即便没有盈利，价值依旧很大。"易微行"（"微租车"）就是一个例子。

汽车分时租赁是大势所趋，虽然由于政策因素，配套服务还未形成闭环，消费者需求还没有涌现，但它适应了将社会闲置资源充分利用这个大趋势，而不是有些人口中的"伪共享"。"易微行"的业务是为汽车分时租赁和共享公司提供核心技术服务，通过软硬件服务，自动实现分时计量及自动监控车辆等功能，它的技术水平在整个行业里处于龙头地位，产业也达到了商用级别。华耀资本四年前投了"易微行"，从来没有动摇过，因为我看好这个团队，也看好这个产业所在的赛道。华耀资本在天使轮进入该项目，随后美国通用汽车对它进行了战略投资。随着融资阶段的不断推进，它自身产品也在不断迭代，智能化程度越来越高，慢慢从后装市场进入前装市场。

价值投资其实不是考验投资者追风口的能力，而是考验投资者是否具有前瞻性的判断力。近年来已经逐步成熟的数字营销领域，华耀资本从四年前就开始布局。举几个例子，新三板效果广告第一股壁合科技、智能电视OTT、广告龙头企业喂呦科技、做大数据营销的快发云，还有我们投资的魔窗——给企业营销做深度链接的提供商，现在已经发展成行业内首屈一指的标杆型企业。

除了对B端的企业级服务领域，对C端的互联网应用类产品是华耀资本一直关注的领域。这类To C的项目想要投得准，就要不断地站在时代最前沿，抓住新青年消费群体的兴趣与喜好。"派派"是华耀资本早期投资的最大的基于熟人的娱乐社交App，开始时主要面对90后、95后的消费群体，在四年前社交App扎堆的市场环境下能够跑赢整条赛道，并且他们发展四年后在基本没有再融资的情况下做到行业第一。起初可以依靠资本的助力，往后发展就不再过度依赖资本的项目和商业模式，我认为才是健康的，华耀资本也很看重像这样拥有超强运营能力与成本控制意识的创始人，"派派"也是有可能给华耀资本带来超过百倍回报的一个项目。

判断创业团队有很多种方式：面谈、背景调查、心理测试或上网搜索等。在考察易微行团队时，我更多是通过请教行业内权威人士，听听他们对项目创始人的判断。有些投资者和创始人见了一面就决定投资，这个我做不到。投资者和创始人见面之后，可以马上做出不投项目的决定，但如果下决心要投，还是需要继续开展专业的负责的尽职调查，来验证投资者的初步判断，毕竟我要对我们的LP负责。有些投资机构强调打款速度，这个我是很反感的，这是对LP的不负责任。

医疗健康领域的消费升级机会

华耀资本在大健康领域的布局，主要聚焦于医疗服务质量的提升和其在模式方面的创新。

华耀资本投春雨国际，主要出于两点考量。一方面，从行业背景上看，医疗服务产品的升级对于民众来说是刚需，国人对健康的关注度越来越高。另一方面，国外部分医疗水平与医药质量相对于国内有优势。对于春雨国际来说，线上只是其工具之一，它现在将更多精力投入到线下资源的拓展，与国际顶尖医疗机构建立合作关系。除了帮助国内想去国外看病的人提供专业的全程服务，春雨国际现在做的另一件事情是把国外特色医疗资源落地到国内，具体来说，就是和房地产开发商合作，在高档社区里引入国外高端医疗服务机构，比如针对肥胖人群开设特色诊疗服务，利用国外的相关成功经验，通过对饮食结构的科学把控，短期之内将血糖、血压降到正常指标。

华耀资本投了爱升医疗，它主要为农村民众提供体检服务。国家与地方财政每年都会拿出一部分钱，为老年人与儿童提供无偿体检服务，而实际情况是，现有农村医疗机构体检设备无法覆盖所有农村，尤其是偏远山区农民，他们没有意愿跋山涉水到乡镇医院做体检，而乡镇医院又没有能力提供上门服务。爱升医疗便整合了一台可以移动的体检车，为村民提供上门体检，并将检测信息通过信息化平台存入信息库，为每个村民建立健康档案。也就是说，乡镇医院拿出国家财政支出，把这块业务外包给更为专业的爱升医疗来做。

华耀资本投了同科供应链，它是主要从事医药的存储、配送、销售于一体的医药供应链平台，目前已和京东等建立了战略合作关系，成为山东省在该行业的领军企业。

文化消费：内容质量与运营能力同等重要

在文化消费产业，华耀资本比较关注青年群体的新文化和新消费领域。比如以内容为流量入口做延伸变现的赛道。华耀资本投过一个文化公司叫神奇互娱，它签了很多现在网络上比较受欢迎的作家，同时搭建了一个以东方神话为主题的世界观架构，请签约作家们在这个架构下开展文学创作，IP 归公司所有。神奇互娱的运营能力也很强，未来会将受欢迎的世界观 IP 做成动漫、影视、游戏乃至衍生品。

2017 年上半年华耀资本也投了一个专门做线下娱乐的项目，现在很多景区包括商业地产、展览馆、博物馆，是缺少优质的内容去入驻的。所以像内容产业，如果能把它做到线下去，将线下流量转换变现，也是非常大的机会。华耀资本投过的上海的筑梦文化，就专注于这些具有线下推广价值的头部 IP，拿到它们的授权，然后将其以实境乐园等不同形式运用于商场、旅游景点等场景，很受市场欢迎。

2017 年处于红利期的短视频领域，华耀资本投资布局了影视级精品短视频团队海豚映画。这种精品化、情节化的短视频拥有从底层的广告到电商到影视文化乃至品牌 IP 的清晰的商业模式。华耀资本认为，内容的载体从过去的文字到图片到语音再到现在的短视频，通过单个视频时长控制在五分钟之内的形式，更能迎合人们碎片化、个性化的生活方式的转变与情感共鸣。

山东创投活跃度不高，但有重大机遇

山东的创投事业起步不算晚，早在 2000 年，山东省就拿出 12 亿元成立山东省高新技术投资公司，它是中国最早一批本土创投机构，基金规模比深圳市创新投资集团有限公司稍微小一点。山东创投机构发展到现在，除了老牌国有机构，也有一些民营机构出现，但是具有市场影响力的知名机构还是少，这些机构本身的活跃度也不高，和北上广深江浙等地相比有一定差距。

上述情况的形成有几点原因。

山东人比较务实，全省产业结构以实体经济为主，大多是些看得见、摸得着的产业，而近些年以 BAT 为代表的互联网产业，在山东还没有形成大的气候。

与山东的产业结构特点相对应，山东的创投机构大多也是以山东的项目为主，没有投出极具影响力的案例。另外，山东创投机构不太喜欢做公共关系（Public Relations，PR，指让外界了解公司），做的比说的多，这点也多少有些影响。

山东的 LP 队伍也在不断成长，但成长速度和江浙等地相比还是有点慢。山东的企业家大多都是通过实业慢慢积累起来的，不太愿意把自己赚的辛苦钱拿出去交给别人管理，而且创投基金流动性又差。但如果山东老板信任你了，他们还是十分大气的，只是建立这种信任需要一定时间。

现在山东的政府引导基金力度比较大，从省到市，均提供大笔资金和优惠政策来扶持市场化机构，但都有地域限制，比如要求基金中的 70% 都要用于投资山东本省项目。

引导基金的地域限制，不仅是山东有，全国其他地方也有。只是我希望引导基金未来能把私募管理机构特别是创投机构当成实体企业来看待。一家生产企业，政府不可能限制它的产品要卖给谁，对于创投机构来说，项目就是它们的产品，山东创投机构如果投了北上广深的优质项目，有了好的回报，实际上基金管理公司的收益也水涨船高，可以通过税收的方式回馈当地。同时，这些优质项目发展壮大后，创投机构也愿意把这些项目引进到山东省内来落地生根，这样，政府出的钱就会吸引更多投资机构落地，最终提高省内创业投资的活跃度。我认为，如果哪个地方的引导基金取消地域限制，将会享受该政策带来的超预期效果。

刘理勇　华耀资本创始人兼董事长。拥有 17 年创投基金管理经验，是中国最早的一批创业投资人，共管理境内外基金规模超过 150 亿元人民币，拥有单个投资项目三年回报超过 100 倍的投资纪录。对境内外创投行业、资本市场、引导基金以及新兴产业发展等方面具有丰富的理论知识和实践经验。

7.5　从 17 家顶级基金退出情况反思基金退出之道

■ 李刚强（潜力股平台 CEO，Share X 基金会 CEO）

2015 年的时候我开始做一个天使基金——无穷创投，但我发现要想在天使行业胜出好难：从我个人能力来看，没有李开复老师和徐小平老师这么牛；从实战背景来看，没有赶上 2009 年、2010 年移动互联网刚刚爆发的时代背景；从竞争情况上看，那时不到十家天使投资机构，现在到外面随便找个人都是天使投资人。我自问，有何德何能比创新工场、真格这些机构做得更好？这是我后来创办潜力股的一个重要原因。

我从 2015 年开始做股权转让这件事情。在美国市场有 40% 的项目是通过股权转让让出去的，但在中国市场，这种方式才刚刚起步，我们觉得这是一个机会。这也是为什么潜力股在这个市场有一定知名度的原因，很多人知道潜力股，现在基本上很多项目都是主动找我们。一部分原因是潜力股定位的稀缺性，另一部分则是潜力股 PR 的成功性。潜力股现在的客户基本都是投资机构，也有一些新三板项目，包括最近比较热的新三板的三类基金。

17 家顶级基金退出情况

到 2017 年为止，潜力股完成了对 17 家顶级基金退出情况的统计。在统计过程中，有一些背景情况需要向大家做个说明。

第一，潜力股对各家投资公司的真实业绩情况是"只知局部，不知全面"，因为许多机构只会对外吹牛皮、放卫星，喜欢以单个项目业绩来替代整个基金业绩，而实际上是"一将功成万骨枯"。

第二，基金管理人并不知道别人业绩如何，因缺少对比而无法评判自己的表现，更不知道该如何指导自己的投资。

第三，最近两年，投资行业开始流行排名和评奖，有些投资机构不拿个奖都不好意思说自己是知名基金，有的奖甚至能一次颁给500个人，奖项可以花钱买，水分很大。机构重视PR，潜在LP在百度一查，这个人是中国新锐投资人、中国十大投资人等，好像很牛的样子，但是LP无法了解投资机构的真实业绩，评估机构好比盲人摸象。

潜力股做这个统计，一是想要尽可能还原市场真相，让大家了解投资界的真实情况，二是希望通过数据分析来指导投资和基金退出的策略，三是希望通过这些方式来推动潜力股品牌的扩大。在统计过程中，潜力股几乎使用了市场上能够找到的一切数据，包括上市公司公告、清科的私募通、创业邦、公司官网、百度等，如果是人民币机构，潜力股会把整个工商管理系统里面的相关公司都调查一遍，比如红杉资本下面有几个管理公司，每个管理公司下面有几只基金，每只基金都投了哪些项目，这些数据潜力股都有。有些信息和数据潜力股也会跟行业里的从业人员核实，这些信息和数据的核实工作只能通过人工的方式完成，因为其中必须加上人为判断。

潜力股的报告主要采用的指标包括：基金规模、投资项目数量、投资行业偏好、所投项目进入下一轮的比例、C轮项目数量和比例、D轮项目数量和比例、十亿人民币估值项目数量和比例、IPO数量和比例、并购数量和比例、股权转让数量和比例、回购数量和比例、新三板数量。分析时，潜力股使用了退出率而没有使用内部收益率（IRR）和投入资本分红率（DPI），因为IRR和DPI都是各个投资公司的核心秘密，极少有人知道确切数据。

目前的数据来源都是非官方的，潜力股当然希望所涉机构能够提供官方数据,但是当潜力股和它们联系时,所有公司都呈现出两种态度,一种态度是躲避——"千万不要写我",另一种态度是主动提供数据。

我们不能保证数据的准确性,只能按照求全的态度去找数据,准确数据只有各个公司自己知道。很多人抱怨潜力股没有给出正面或负面的评价,这种评价潜力股不敢给,因为每个人心中都有一个哈姆雷特,大家可以通过数据去评判。

天使投资机构方面,潜力股统计了创新工场、真格基金、青松基金、险峰长青、戈壁创投五家机构。从统计数据看,创新工场投了273个项目1个IPO;真格基金投了375个项目1个IPO;青松基金投了95个项目1个IPO;险峰长青投了265个项目1个IPO;戈壁创投投了129个项目3个IPO。

如表7-1所示,青松基金投了近百个项目,总投资额为4亿元,相当于每个项目是400万元的规模,所投项目进入下一轮的比例达到50%;大家普遍觉得戈壁创投近些年来不太活跃,但实际上他们投资的项目中,估值超过十亿元的项目数量并不少,同时戈壁创投对股权转让比较重视,从而导致其所投项目的整体退出率比较高。创新工场成立于2009年,真格基金、青松基金和险峰长青都成立于2011年,戈壁创投则是从2005年就开始运作天使基金了,不过这五家基金的IPO数量、并购数量和并购比例都不多。可以说,一个成立了五年的天使基金所投项目里要是有一个IPO,这家基金就算是顶级基金了。

VC方面,潜力股统计了经纬、红杉、IDG的数据。经纬投资了291个项目,8个IPO;红杉资本投资了494个项目,48个IPO;IDG投资了531个项目,54个IPO。如表7-2所示,我们可以看到无论是十亿元的估值项目数量、IPO项目数量、并购项目数量还是项目整体退出率,IDG的数据均比较突出。

表 7-1　天使投资基金的退出情况

	创新工场 (2016.10)	真格基金 (2016.10)	青松基金 (2016.12)	险峰长青 (2017.3)	戈壁创投 (2017.5)
投资数量	273 个	375 个	95 个	265 个	129 个
投资金额	约 40 亿元	22 亿元	4.1 亿元	约 12 亿元	20 亿元
项目进入下一轮的比例	37%	41%	50%	43%	43%
进入 C 轮的项目比例	6.60%	6.70%	14.70%	10.60%	11.60%
进入 D 轮的项目比例	1.50%	1.90%	—	6.40%	3.90%
十亿元人民币估值项目数量	20 个	26 个	7 个	11 个	14 个
十亿元人民币估值项目比例	7.30%	6.90%	7.40%	4.20%	10.90%
IPO 项目的数量	1 个	4 个	1 个	1 个	3 个
IPO 项目的比例	—	1.10%	—	—	2.30%
并购项目的数量	10 个	9 个	4 个	—	8 个
并购项目的比例	3.70%	2.40%	4.20%	—	6.20%
股权转让数量				1	9 个
合计退出数量*	11 个	13 个	5 个	7 个	19 个
合计退出比例	4.00%	3.50%	5.30%	2.60%	14.70%

表 7-2　VC 基金的退出情况

	经纬中国 (2016.10)	红杉中国 (2016.11)	IDG 资本 (2016.12)
投资数量	291 个	494 个	531 个
投资金额	86 亿元	514.3 亿元	455.5 亿元
项目进入下一轮的比例	1/2	1/2	3/5
进入 C 轮的项目比例	17.50%	16.60%	17.30%
进入 D 轮的项目比例	6.90%	5.30%	10.40%
十亿元人民币估值项目数量	23 个	54 个	126 个

（续）

	经纬中国 （2016.10）	红杉中国 （2016.11）	IDG 资本 （2016.12）
十亿元人民币估值项目比例	7.90%	10.90%	23.70%
IPO 项目的数量	8 个	48 个	54 个
IPO 项目的比例	2.70%	9.70%	10.20%
并购项目的数量	7 个	24 个	46 个
并购项目的比例	2.40%	4.90%	8.70%
合计退出数量	16 个 （IPO 8 个，并购 7 个，股权转让 1 个）	82 个	120 个
合计退出比例	5.50%	16.60%	22.60%

PE 方面，潜力股统计了同创伟业、信中利、东方富海、中科招商、达晨创投、深创投、高瓴资本、九鼎投资的数据，具体数据如表 7-3 所示。

值得强调的是，达晨通过回购退出的项目数量达到了 29 个，而九鼎股权转让的数量有 23 个，退出率相对较高，尽管很多人质疑九鼎，但从 IPO 比例来看，九鼎占比相对较高。

投资"八问"

看完这些数据，我个人会产生几个问题。

第一个问题：投天使还是投中后期？

2013 年是中国 PE 市场最艰难的时候，所有 PE 公司都面临两条路：要不往前走，做 VC 和天使；要不往后走，做并购。我当时在九鼎，公司管理层坚决不做天使，逻辑很简单：做天使，投 100 个项目才能投两亿元人民币，管理费只有 400 万元人民币；做 PE，一个项目就能投五亿元人民币。

表 7-3 展示了 PE 基金的退出情况。

表 7-3 PE 基金的退出情况

指标	同创伟业 -2015.07	信中利 -2015.1	东方富海 -2017.3	中科招商 -2016.6	达晨创投 -2017.3	深创投 -2017.5	九鼎投资（2017.4）	高瓴资本 -2017.5
投资数量	194 个	80 个	220 个	342 个	385 个	735 个	294 个	61 个
投资金额	50 亿元	18.52 亿元	101 亿元	超过 200 亿元	150 亿元	283 亿元	273.34 亿元	至少 134 亿元
IPO 项目的数量	14 个	1 个（青岛天能重工）	28 个（含 3 个借壳上市）	39 个（含 1 个借壳上市）	56 个（含 1 个借壳上市）	103 个（含 2 个借壳上市）	45 个（包含 2 个借壳上市）	6 个（含 1 个借壳上市）
IPO 项目等比例	7.20%	1.25%	12.70%	11.40%	14.50%	14.00%	15.30%	9.80%
新三板挂牌项目数量	30 个	14 个	23 个	53 个	71 个	87 个	66	2 个
并购项目数量	7 个	2 个	11 个	12 个	14 个	14 个	9 个	—
并购项目比例	3.60%	2.50%	5.00%	3.50%	3.60%	1.90%	3.10%	—
股权转让	0 个	4 个	1 个	14 个	3 个	13 个	23 个	—
回购	19 个	0	10 个	21 个	29 个	2 个	5 个	—
合计退出数量*	22 个	6 个	40 个	65 个	73 个	130 个	77 个	6 个
合计退出比例	11.30%	7.50%	18.20%	19.00%	19.00%	17.70%	26.20%	9.80%

从投资机构的实际情况看，很多天使投资人都在主动往后走。

第二个问题：投资机构应该采用散弹式投资还是精准式投资？

大家都说天使投资要扩大数量和规模，但是通过比较真格和青松可以发现，青松的投资数量是真格的 1/4，但两者的退出比例相差不大，这就引发了"散弹式投资和精准式投资哪种更好"的思考。关于这个问题，潜力股现有的数据还不够多，2017 年的目标是对 50 家机构进行盘点，到时候再比较可能更会有说服力。

第三个问题：投资（尤其是天使投资）是追求极值（IPO），还是追求平均值（有效退出）？

到底要死守 IPO 还是中途退出？这个问题可以比较下创新工场和戈壁创投。创新工场目前有一个美图秀秀和十个并购，合计退出数量是 11 个；戈壁创投有三个 IPO 和九个股权转让，还有八个并购，合计退出数量是 20 个。从 LP 角度上看，戈壁创投可以持续给 LP 拿回钱来，这是比较现实的一个问题

潜力股 2016 年出了一本《中国股权转让蓝皮书》，书里提到一个概念，潜力股认为 IPO 是一个极值，平均的退出率是一个方差。投资者既要追求极值，同时也要追求方差的最小化，但我们目前看到的情况是，大家都在追求极值，没有想办法降低方差。从一个母基金或者 LP 的投资角度来看，它更愿意看到基金投资回报的稳定性，而不是突然性，因为大家看的是综合实力而不是运气。

第四个问题：投资到底是马拉松还是接力赛？

项目从天使期走到 IPO，靠的是运气还是实力？绝大多数人都想把投资都做成一个马拉松，投了项目之后就等着它 IPO。但是实际上做不了，尤其是人民币基金，80% 以上的基金在 5～7 年之后就到期了。潜力股盘点了很多数据，包括红杉、赛富、九鼎等，有些在

2009 年投的项目，到现在还没有 IPO。大部分基金等不起这个"马拉松"，往往是基金已经要退出了，项目还到不了 IPO。从更现实的角度来看，投资采用接力赛的方式可能会更健康、更合理，原因之一是基金周期有限制，原因之二是每个人赚自己该赚的钱，赚自己能承受的时间周期的钱就可以了。

第五个问题：基金 LP 真的赚钱吗？

投资机构到底是好还是坏？LP 到底赚不赚钱？基金到期了，LP 要压着 GP（普通合伙人）要回报、要退出、要分配，该怎么办？潜力股目前了解的情况是，有一些基金，尤其是大基金，不断延期，但规模小的基金，尤其是第一期基金，对 LP 都非常重视，都想早点给 LP 回报，确实就是这样的一个现象。基金对 LP 重视其实就是对自己重视。

另外，有些基金不挣钱，但管理公司反而挣钱，原因是什么呢？基金还没有将成本返还，但管理公司可能已经分业绩报酬了。我觉得这就是中国管理 GP 的伟大之处，有些 GP 和 LP 协议里面约定的是按项目分配，而不是按整个基金分配，顶多可能约定等到整个基金清算时再回拨，但前面的钱已经分配了。也就是说，假设我第一个项目退出赚了一亿元，但是我整个基金投资额是三亿元，基金先把这一亿元按照 20% 提出 2000 万元，而不是先把一亿元还了，也许后面几个项目都不挣钱，但是基金让 GP 先把前面挣的钱分了。

第六个问题：投资到底更应该看重十鸟在林（账面回报）还是一鸟在手（现金回报）？是要估值还是要盈利？

目前大家都会用账面回报代替现金回报。潜力股在市场上接触了很多案例，企业最近一轮估值 20 亿人民币，从账面回报上看，天使投资的回报绝对是上百倍，但从实际的角度来看，公司现在发展得非常不好，业绩严重下滑，可能现在给它估值，它也就值一亿人民币。这是很现实的情况，账面回报再高，退不出去也不行。这个问题对于天使投资人尤其是对个人天使非常重要。天使投一个 1000 万元、2000 万元估值的项目，等公司估值变成五亿人民币之后，到底是卖还是不卖？这五亿人民币的估值未来可能会变成 20 亿人民币，但也可能是什么都没有。潜力股所了解的情况是，很多天使投资者都想快点走。

现在很多互联网公司没法被 A 股上市公司收购，因为从财务角度看，它的表现不怎么样，甚至是亏损的。从估值角度看，它可能是上市公司 1/2、1/3 的市值，你让上市公司以 1/3 的代价收一个还在亏损的项目，真的很难。从另一个角度看，我不上 A 股，去美股，那有多少项目能够上美股？从 2016 年下半年到现在没有一个互联网项目上美股，没有一个 IPO。

在目前大 A 股的概念下，大家还是看公司多少利润。但所有的一级市场投资人看的都是估值，比如人工智能，靠科学家创始人的 SCI 论文影响估值，靠梦想来估值。

我们现在越做老股转让，就对投资越敬畏。因为太多投出失败案例的基金找到我们，要卖掉老股，但是真的很难。我们越来越觉得投资应该回归本质，投资人应该对投资感到敬畏。

第七个问题：投资机构到底应该花多少时间做投后？

潜力股看到，机构 90% 的人都是投资 + 募资；投资人 90% 的时间都是"投资 + 募资"。一家基金花在投后上面的时间通常都很少，很多基金的投后基本上就是"HR+PR"，对于公司战略、融资等方面的帮助做得很少，不过这种情况正在转变，2017 年很多基金都在招投后，这说明大家对这件事情开始重视了。

第八个问题：众所周知，IPO 最难、并购其次、转让次之，但统计结果来看，IPO 比例 > 并购 > 股权转让，为什么？

大家把所有项目都给 IPO，即使不能 IPO 的项目也都盼望着它会 IPO，因为大家都形成了"以 IPO 为核心"的退出理念。但从实际情况来看，以金字塔来比喻，IPO 是最顶尖的，数量上是最少的，但是从实际结果来看，所有 IPO 的比例都要大于并购的比例，大于股权转让和回购的比例。这是不是意味着以前的理念是错误的？

通过数据可以看到，一个 5～7 年的天使基金，平均退出率不到 5%；VC 平均退出率是 10%；PE 退出率是 20%，表现最好。在 IPO 和并购、股权转让、回购四种退出方式中，股权转让和回购较不受重视。但从数据结果来看，重视股权转让和不重视回购的公司，退出率相对更高。

以一个 PE 投资基金为例，一个 IPO 正常情况下能够给 PE 带来十倍回报，并购的话五倍回报就很高了，股权转让的话可能是两三倍的回报，回购大多只能回成本。再从比例的角度来看，一个 PE 基金 10% 的项目能够 IPO，5% 的项目能够并购，30% 的项目能够股权转让。为什么能股权转让的项目是 30%？因为一个基金的 100 个项目里面，有很多项目处于发展过程中，有一定的价值，可以卖掉，最后还有一部分回购。这几个相乘起来的话，股权转让赚的钱不一定比 IPO 少多少，所以投资者不能够忽视后面的退出对自己和基金回报的重要性。

加注优质项目，处理中间项目，清算尾部项目

那么基于上述问题，投资者应该形成什么样的退出理念呢？

第一个理念：抓住一切形式的退出机会。

经纬中国的张颖在2017年年初的会上说：经纬内部非常重视退出。但后来我跟经纬的人说，虽然很重视退出，实际上找不到退出方法，很多基金的共同困难和问题都在这里。从潜力股的角度来看，只要有心退出，方式是很多的。新一轮融资时可以退出一部分，也可以主动卖老股，还可以主动找并购，世上无难事，只怕有心人。

第二个理念：加注优质项目，处理中间项目，清算尾部项目。

表现好的项目不断往里面塞钱，加注去投资；中间的、80分以下的项目，60～80分的项目，赶紧处理掉；表现不好的项目，能清算的赶紧清算，没回购的赶紧回购。核心理念就是：随着投的项目数量越来越多，投资者的时间、精力、资金要向已经跑出来的这些项目里分配，而对于中间的项目能赚多少钱就赚多少钱，对不好的项目能捞回一些本就捞回一些本。

实际上很多基金都不具备这种理念，潜力股遇到的很多情况是，投资者把一些烂项目当宝一样。明明是发展得很差的项目，却还要骗人说这个项目好。大家都是专业人士，对于项目好坏，都有自己基本的判断。

第三个理念：天使投资B轮后退，中后期项目隔轮退。

第四个理念：先拿回投资成本，再逐步退出。

第五个理念：IPO最佳、并购其次、股权转让也应重视，回购系不得已而为之。

第六个理念：股权转让退出时，既要考虑自己的收益，也要考虑接盘方的潜在收益，打折转让是常规。

通常情况下，潜力股建议在股权转让时打些折扣。这些折扣打在什么地方呢？首先是流动性折扣，股权是一个不可流动的资产，投资方在二级市场做大宗减持可能还要打个 97 折、95 折，更何况在一级市场；从个人心态的角度看，投资方赚钱了，接盘方还有风险担着，而且后续投资方不需要承担风险。

潜力股遇到过一些这样的转让，三个月前刚完成一轮融资，上轮估值是 10 亿元人民币，这回想按照 15 亿元估值退出。我说，如果是你，你愿意用 15 亿元买吗？很多投资人都把别人想得很笨，想把钱都自己赚了。实际上，大家都不傻，每个人赚自己应该赚的钱，给对方留出盈利空间，才是别人会去买的基础。

第七个理念：光有 PR、HR 及 IR 团队还不够，投后还要抓项目的战略、公司的退出。投后团队人数要提高，至少要有一个核心合伙人负责退出。

李刚强　潜力股平台 CEO，Share X 基金会 CEO，无穷创投合伙人，中国青年投资家俱乐部发起人之一，中国投资人中心联合发起人。曾任联创永宣合伙人，艺龙旅行网投资总监，累计投资 20 多个项目。

7.6　IPO 失败案例最常犯的七宗罪

■ 钮宇鸣（海通证券（新三板 / 中小市值）首席分析师）

我把 2016 年下半年以来申请 IPO 被否的公司做了整理，分享一下它们被否的原因。

IPO 审核通过率在逐年提升，2006 年通过率大约是 50% 左右，后来慢慢提升到 60%、70%、80%、90% 以上。通过率的提升不代表股票发行审核委员会（发审委）放松要求，而是因为企业和券商的经验更足。

2012 年证监会做过一次财务大检查，券商在检查过程中感受到证监会核查的工作量和力度，它们在此之后再接项目，对项目进行内核时，会主动屏蔽掉不符合标准的企业，所以真正能够报备的企业，通过率越来越高。

2016年12月IPO提速以来，被否的20几家公司的主要问题是关联交易，也有不少是信息披露不充分的问题，还有业绩下滑、现金收付、应收账款等方面的问题，经销商的问题也需要重视。

历年来各类公司申请IPO被否的原因，大致有以下七大类：

第一类，持续盈利能力；

第二类，企业独立性；

第三类，规范运行；

第四类，募集资金的使用；

第五类，会计核算；

第六类，信息披露不充分；

第七类，其他原因。

下面结合具体案例来共同分析。

持续盈利

持续经营能力主要指公司对核心技术要拥有完整产权，独立性较强，不存在盈利来源过于集中或有重大依赖的情况，这是公司拥有持续经营能力的必要条件。

企业上市以后，首先要保证有长期持续经营能力，这是生存之本。如果连这个都没有，根本就走不到上市这一步。

第一个案例发生在2016年5月，有家药品公司（以下简称"A公司"）申请IPO被否。

A公司有两个核心产品,一个是抗贫血用药,一个是治疗神经疾病的药,这两个药占主营业务的收入比重达到93%,对公司至关重要。A公司申请IPO被否的主要原因就出在这两款产品中的一个上。公司对治疗神经疾病的药的核心技术不拥有完整产权,商标专利、专有技术以及特许经营权等重要资产或技术的取得均由一家香港上市公司无偿授权使用。

这种情况有其历史原因。内地药企一开始都不具备研发能力,其药品和技术在发展早期都是通过外部采购获取。A公司与香港这家上市公司在2004年签了一个技术转让合同,由A公司向香港公司购买技术,然后自己去申请新药的证书和生产批件。转让系独家转让,药品发明权为香港上市公司所有,A公司拥有生产权,但两家公司一直没有签订合法有效的专利使用许可协议。

发审委问A公司:香港这家上市公司是否有权单方面撤销专利的授权使用?如果有这种可能,A公司就会有潜在纠纷,如果这款药品因为纠纷无法再生产,A公司的持续经营就会受到影响。所以发审委认为A公司的持续盈利能力有问题,IPO就被否决掉了。

第二个案例是一家活动创意策划公司(以下简称"B公司"),专门给汽车公司做活动,主要客户有宝马、奔驰和大众等,一年签一次订单,每年都需要去竞标,每单竞标金额都很大。创意类活动业务对相关岗位的员工能力要求特别高,如果核心人员离职,对公司的持续盈利能力影响很大。

发审委否定B公司IPO的理由主要是:

一,客户集中度太高,前五大客户占比70%;

二,以订单驱动作为经营模式,每年靠竞标来获取订单,业绩增长的不确定性很大。

第三个案例是一家医疗器械公司(以下简称"C公司"),生产输液时用的过滤器。

C公司的IPO申请提交前两周,一些省份卫生和计划生育委员会下发文件,要求全面停止或取消二级或三级以上医院门诊输液服务,发审委就要求C公司说明一下产业政策的变化对该公司的后续持续经营能力的影响。最后这个项目被否掉了。

第四个案例是一家化妆品公司(以下简称"D公司"),其销售模式有两种,一种是经销,一种是直销。

D公司的直营店在过去三年里一直在关门和收缩,从2013年年初的47家减少到2015年的十家,其主要靠经销商来卖产品,但招股说明书中的项目计划里却要把募集资金的70%用于建直营店。

证监会质疑,加大直营比例,是否意味着原有销售模式会有重大变化。这就成了该项目被否的主要原因之一。

关联交易

关联交易是个很敏感的问题,是公司绝对不能碰的红线。关联交易的存在,会对其他股东或债权人的利益造成侵犯,这些问题会对其他股东或债权人的权益造成侵犯。如果有这些问题,发审委会问得特别详细,要求公司进行比较详尽的披露,比如定价的公允性,为什么要这么定价,如果存在关联交易,必要性在哪里,为什么必须要发生关联交易。

第一个案例是一家国企(以下简称"E公司"),某航空集团旗下专门从事报刊出版和媒体经营的公司。

E公司被否,是因为发审委认为该公司的经营对所在航空集团存在重大依赖,其没有办法证明使用关联方(航空集团)商标的定价是否公允,也没有办法取得航空集团媒体资源关联交易的定价公允性和合理性。

第二个案例是一家做打印机和复印件耗材的公司(以下简称"F公司")。

F公司股东有六家单位,这六家单位和F公司存在大量关联交易,主要包括委托股东单位研发或购买专利、设备、公司股份等,以及资产和人员转移。因为F公司和股东之间发生太多业务上的关系,很多业务说不清楚,最后也被否了。

第三个案例是一家做建筑节能的服务公司(以下简称"G公司"),它所有的工程项目现场施工均外包给外面的施工队来做。

G公司有40多个关联公司,其中最重要的一个关联公司是G公司实际控制人的弟弟开的一家劳务公司,负责G公司施工业务的外包,每年大概有两三百万元的关联交易。这两三百万元占G公司的收入比例不到5%,但占他弟弟公司收入的100%,也就是说,弟弟的公司是靠哥哥这家公司养活的。

发审委要求G公司说明,为什么要维持这种持续性的关联交易,其原因和必要性是什么,为什么不把弟弟这家公司关掉。

收入确认

收入确认这个原因主要是关于公司收入确认的原则。原则一旦定下来,不要变来变去。和其同类公司相比的收入合理性以及盈利指标的合理性在哪里,是发审委比较关注的重点。

第一个案例是四川某通信公司（以下简称"H公司"），做通信网络的接入网系统，主要客户是电信、联通和移动三大运营商。但H公司向电信销售的产品价格高于销售给联通及移动的价格，并且差异高达一倍之多。H公司的解释是，电信采用最优价招标，联通采用最低价招标，所以电信的价格特别贵，不是最低价。

发审委要求H公司说明五个问题：

第一，什么是最优价竞标，H公司卖给电信的产品价格合理性在哪里，是否具有可持续性；

第二，业余集中于电信的主要原因是什么；

第三，卖给电信的产品价格高于联通和移动的可持续性，未来是否还可以持续；

第四，公司的招投标是否合法合规；

第五，要叫保荐人去核查，并说明对上述问题的核查过程。

第二个案例是一家给景区做旅游规划和景观设计的公司（以下简称"I公司"），主要客户是各地旅游局或景区开发商。

I公司的主要收入存在的问题是，合同收入的金额确认明显不合理。针对2015年某地的旅游项目，公司规划的收入是450万元，但合同是2015年12月21日签的，合同总价是600万元，约定的工作时间是250个工作日，且合同对工作进度做了详细约定，但12月21日签完合同，12月30日就确认了80%的收入，这明显不合理，很可能是为了冲当年的业绩。

发审委请I公司说明：

第一，是否履行了上述项目的招投标程序，以及实际招投标情况；

第二，在确认收入时，项目所处阶段和节点是什么，工程完工比例及外部证据在哪里；

第三，截至审核时，该项目的进展情况及款项的收回情况。

第三个案例是一家卖天然气的公司（以下简称"J公司"），同时也给天然气管道做配套建设。

J公司的控股子公司在北方某县做燃气配套工程，工程施工时间是2015年12月1日到12月27日，而其2015年实现收入500万元，毛利是收入的82%，应收账款为零。

发审委要求保荐人核查，如何在这么短的时间内能够完工，而且毛利率还能做到82%，同时应收款项为零。

第四个案例是一家建筑设计公司（以下简称"K公司"）。

这家公司的业务和房地产行业相关度极高，2014年以后，受宏观环境影响，房地产开发商开始降低开发规模，放缓开发进度，导致K公司合同的签订数量大幅减少，合同中止、暂停或结束的情况较多，被停下来的合同金额合计起来有十亿人民币，营收增速放缓。但K公司还是按照100%的完工情况，确认了一个多亿人民币收入。

发审委认为，K公司确认收入的方式不够谨慎，这其中有些合同已经结束了，但其还是确认能完成100%的合同，这就有点硬来了，所以最后也被否掉了。

合法合规性

合法合规性问题主要包括土地所有权、招投标流程、公司资质和员工五险一金等问题。

第一个案例是一家做园区经营的商业公司（以下简称"L 公司"）。

L 公司成功运营的 18 个园区中，13 个园区的项目土地所有权实际使用情况和规划用地不一致，9 个园区的土地性质是无偿划拨，这违反了《中华人民共和国土地管理法》和《划拨土地使用权管理暂行办法》，属于申请 IPO 时的硬伤。

第二个案例是一家房地产规划设计公司（以下简称"M 公司"）。

通常来说，这类公司的招投标类型均为公开招标，但 M 公司的拟 IPO 报告里，应该公开招标而没有进行公开招标的合同数量达到 100 多个，涉及的金额和比例都很高，而且超越资质做业务，公司有乙级工程设计资质，可以承担 2000 万元以下风景园林工程项目，但 M 公司曾经做了三个超过 2000 万元的项目。

第三个案例是上面提到的那家做医疗输液装置的 C 公司。它在报告期内的实习生及试用期月均离职员工人数太多，占报告期月均领工资比例的 20%。设计公司很多临时工，来来去去很正常，发审委会重点关注这些人的工作岗位和薪酬标准。

第四个案例是上面提到的那家合同中止了还要算作收入的 M 公司，它在 2015 年的营业收入比上一年减少了 1700 万元，降幅是 2.68%，但净利润比上一年上升了 38%。收入下降，利润反而上升，公司的解释是优化人员配置，实际原因是把人员都解雇了。2014 年比 2013 年新增 400 多个员工，2015 年为了把利润做上去，又炒掉 470 个员工。

对于制药行业来说，要关注其销售费用中是否包含业务推广费，卖药过程中是否存在商业贿赂。企业如果在药品销售内部推广和内控运行两方面做得很完善，要经得起券商核查。上面提到的那家 D 公司好几年没有缴税，还因为产品质量问题受到药监局处罚，这类公司

IPO 基本不可能。

还有就是员工薪酬和五险一金的问题，上文提到的 B 公司没有给员工缴足五险一金，有人举报，也就被毙掉了。

现金收支

现金收支这种事情，在新三板都不允许，更不要说在主板上。

第一个案例是上面提到的 G 公司，报告期内有大额现金采购，每年还从实际控制人那里无偿借入资金。对于公众公司来说，这种情况早就该杜绝，但是由于这家公司的性质，这种情况也难以避免，因为是劳务外包，给民工付的钱都是现金，但就是因为这个问题，直接导致其失败了。

修改会计方法也很危险。比如上文提到的 B 公司，在证监会对其收入确认方法提出质疑后，就修改了会计准则，调整收入确认方法，对没执行完毕的项目不确认收入，对已发生项目的直接成本计入存货，还改了成本的计算方法：之前把所有业务人员成本全部列入销售费用，现在改成把主要负责客户维护和开发的事业部负责人的人工成本计入销售费用，其他人员成本全部计入营业成本。这两项调整使公司报告期内营业成本、销售费用和毛利率都发生巨大变化，营业成本增加，销售费用大幅度减少，毛利率下降 10%。

湖北有家公司（以下简称"N 公司"），财务系统的明细账没有完整核算银行资金流水，并且有巨额理财产品和保证金，2013 年、2014 年理财产品收入有两亿人民币，此外，N 公司电子财务核算系统的金蝶软件中存在七套账，其中五套是公司备份，或者是测试的账，还有一套是供应商的账，供应商在报告期内的原始凭证和制单人员、记账凭证的记录人员都是 N 公司的财务工作人员，也就是说，客户的账是它来做，供应商的账也是它来做，上下游的账都是自己编的，这不是乱套了吗？

信息披露不充分

信息披露要遵循四个原则：真实性、准确性、完整性和及时性，其中有一点没做到，都会被认为是信息披露不充分。对券商来说，核查的工作量很大，因为要保证核查充分，要面面俱到，当中如果有什么东西漏掉，就是不充分披露。

第一个案例是一家互联网公司（以下简称"O 公司"），这家公司主要涉及企业收入真实性的核查。

第一是要核查其经营模式，其产品主要是通过互联网搜索引擎进行销售，通过百度竞价排名去卖。

第二是要核查其境外销售情况。这种互联网公司，很多都是在境外销售，除了南极北极没有国家，其余地区所涉及的国家有几百个，券商怎么可能跑到那么多国家去核查其收入？核查范围太广，难度太大。

第三是要核查其客户，但其客户都是个人用户，每个单子都很小，只有几万块钱，最大的就五万块钱，核查难度大。

从 IPO 审核的角度来看，境外客户多、个人客户多、通过网络平台来销售，都是核查的重点和难点。O 公司一下子就把这三个难点都凑齐了，所以中介机构也很难去保证它都能充分地披露。

经销商问题

经销商的问题很普遍，也蛮典型。

很多公司都是通过经销商来销售的，比如说上面提到的D公司，其经销商就是美容院、专卖店、百货店和电子商务，电子商务包括直营和经销两种模式，在直营模式下，由第三方帮它代运营天猫旗舰店。

经销商模式就是通过线上经销商、电子商务渠道卖化妆品，线下签约的经销商数量有100多个，中端的网点数量有1.7万多个，所以证监会要求它披露主要经销商的情况。披露到什么程度呢？包括经销商的实际控制人、店面的名称、店面地址、店面开业时间、每店销售金额、公司和经销商约定的年度销售目标、返利的相关奖励措施、经销商保证金的支付标准、经销商调换货的政策规定、调换货的金额及占比以及公司对调换货的情况如何进行后续处理。

为什么要披露这么多？一个是怕经销商跟公司有关联交易，为公司卖东西，做假账；还有一个是通过开张关闭经销商，比如今年一下子多设几百个经销商，明年又关掉几百个经销商，业绩就会波动很大；还有就是通过退换货，比如年底让经销商把钱先打过来，第二年开春又把货全部退掉。

此外，还有法律问题，比如经销商卖东西时可能会卖好几个品牌的东西，但名字上明显有D公司的标志，如果经销商以后碰到纠纷打官司，会不会影响到上市后的D公司？经销商最好不要用上市公司品牌。商品可以卖，但建议经销商另外起个名字，不要和上市公司重名。

还有一种情况是同时有线上店和线下店的情况，线上店的产品价格和线下是否有区别？是否有明显差异？线上线下销售是否存在竞争？公司会员、积分的快捷处理是怎么弄的？总之，证监会对经销商的问题会问得特别细。

第二个案例是一家卖药的企业（以下简称"P公司"），经销商销售占比达到95%，经销商总数达到640家，近三年来连续两年以上发生交易的数量是480家，连续三年都有交易的是300家，销售占比是70%。

发审委对经销商提了大量的问题，主要了解P公司在经销商数量上为什么有这么大的变动，一会儿500家，一会儿200多家。还要求它披露前十大经销商的基本情况以及其与P公司的关联关系和资金往来。

这七大类问题，有些公司占了其中好几类。总之，只要遇上其中的一类，就通不过IPO。所以我觉得现在投资人要换一个思路，看项目的标准要从原来的看盈利能力换成看其合法合规性。投资者既然要投IPO的项目，至少要掌握证监会审核项目的标准，因为证监会现在已经不对盈利能力做实质性判断，不管这家公司将来会怎样，证监会就看公司历史上是不是合法合规。现在已经是准注册制，发不发得出去是市场说了算的，市场自己会有判断力，证监会只审核这个，交易所要关注的焦点也是这个。

大家以后在看项目的过程中，如果遇到相关企业有申请IPO的情况，建议提醒这些公司参照以上几点问题自己先审查一下。如果有同样的问题，尽快整改。如果没有办法整改，就不要去考虑IPO了；如果能够整改，越早开始越好，不要弄得太被动。

钮宇鸣　海通证券（新三板/中小市值）首席分析师。拥有20年证券从业经验，同时拥有投资银行、证券投资、行业及公司研究复合背景。

7.7　投资是场自我修行

■ 吴珠智（汉景雨汇投资集团 CEO，中关村股权投资协会常务副会长）

30岁的时候，有位天主教的神父问了我一个问题："每个人来到这个世间都是来寻找秘密任务的。你有没有想过，你的秘密任务是什么？"

2016年年底，我们合伙人去夏威夷开会。会开完了，大家在一起喝酒，兴致都很高，有合伙人问我："你为什么要做投资这个行业？"

每一个投资人在回看自己从事这个行业的初衷时，内心深处一定会有个支点。对于我来说，支撑着我在投资行业走到今天的支点，一个是教育，一个是医疗，因为正是这两样东西，改变了我的人生轨迹。

我出生在贵州黔南布依族苗族自治州，我是仫佬族人，一个人口非常少的民族，大概全中国可能只有几十万人。我们家特别穷，如果没有国家助学贷款，我就考不上复旦，也不可能走上今天投资这条道路。我很喜欢美食，如果接受不到大学的教育，可能就一辈子在我们那个小城市里面卖个烧烤。是教育改变了我的人生轨迹，给了我更多的选择。

我的父亲从我记事开始就躺在床上，我们家没有任何经济能力去让他重新站起来。没有机会让父亲接受优质的医疗健康服务，这是我这一辈子非常大的痛和遗憾。

所以我做投资，只关注三个维度。第一个维度是医疗健康，医疗健康决定了一个人能够有质量地活多久，它决定了我们生命真正的长度。第二个维度是知识经济，包括泛教育领域，每个人的选择与事业都是由其认知结构和受教育水平决定的，认知能力和教育水平决定了我们生命的宽度。第三个维度是技术创新，人类一直在进步，人类历史上曾面临无数困难，每次挑战都是通过技术升级和技术革命去解决,从蒸汽时代到现在的知识经济时代,技术创新决定了我们生命的高度。

在医疗健康领域,我们参与投资了中国最大的中成药制药企业——步长制药,这家企业已于 2016 年上市,连续十年发起"共铸中国心"的活动,带领几万人次的医务工作者支持和帮助藏区的医疗事业。我们还参与投资了中国互联网分级诊疗做得最好的心医国际,只要有一套互联网设备,心医国际就可以帮助远在贵州和青海边远山区的久病老人们对接全中国最优质的医生资源。

在知识经济领域,我们参与投资了在中国乃至全世界最大的互联网教育企业——沪江,他们推出的"沪+计划"和心医国际很像,只需通过网线和电脑,便可以帮偏远地区的孩子们对接四川省最好的教育资源。我们投了中国音频市场的领导者喜马拉雅,它已经成为中国人在碎片时间获取信息、获取知识、获得感悟、获得技能的重要途径。

记者与教师:闯入中国股权投资队伍的"门口野蛮人"

股权投资这个行业听上去好像是一个特别高大上的事情,但从本质上说,只是跟产业结合得最紧密的一种投资方式。中国人习惯把 PE(Private Equity)翻译成"股权投资",我更愿意把它翻译成"产业资本"。如果将融资分为直接融资和间接融资两种方式,股权投资属于以直接融资的方式去直接帮助产业和创业者、推动实业进步的一种方式。

中国的股权投资正处于方兴未艾、蓬勃发展的阶段。2005 年以来的这 12 年是中国股权投资高速成长的一段时间。2005 年市场上有五六百家机构，资金规模不超过几千亿元，到2018年在基金业协会注册的机构数量已经有两万家，在管基金超过六万只，资金规模有十万亿元。2005年左右也是很多PE投资人入行的年份，如今都已经成长为资本市场的中坚力量。

从过去这20年来看，进入股权投资行业的从业者有三类人。

第一类人是创业者，这里指的是第一批富起来的创业者，都已经是上市公司的创始人或股东。创而优则投，他们构成了今天中国投资行业LP与GP的中坚力量。

股权投资本质上就是创业和产业投资，所以创业者和投资人这两个角色很容易互换。很多创业者成功之后都愿意成就更多的企业家成长，以效率最优的方式把自己的经验和金钱投出去，帮助更多像他一样努力的人去做得更好。第一类人非常能够和创业者同频，他们知道在创业者的每个关键点上应该给予什么样的支持。创业是孤独的，创始人决定了一个企业的高度，这个时候如果有这么一拨人和创业者一起走，而且还提供资金支持，这是一件非常美妙的事情。美国的VC及PE行业能够得到健康有力地发展，很重要的原因之一就在于一大批投资基金的LP和GP有大部分来自于通过创业融资成功的企业家。

第二类是专业人才，他们有着良好的金融、经济、财务、法律或管理咨询背景，原本是在股权投资企业从小到大、从大到强的过程中为企业提供服务的人，通过对股权投资行业的长期观察和时间积累，最后决定从专业服务领域切入投资领域。

股权投资最终是要去支持企业实现其在资本市场的成长，其中有一个很重要的条件是合规性判断，第二类人能够支持企业在市场过程中时刻走正道少走弯路，帮助其在迅速成长为中国资本市场认可的参天大树。

第三类人是"杂牌军"。中国最早进入股权投资行业的"杂牌军"主要有两类人，一类是老师，一类是媒体人，这批早年加入的人，他们中有很多人都实现了财务自由，已经退出了股权投资市场，去寻找另外的人生追求。

第三类人进入这个行业颇有些机缘巧合的意味。以我自己为例，我能进入这个行业，是因为早年有机会帮助一个美元基金翻译其在中国所有项目的资料，随后又帮其做项目咨询和跟进，顺其自然地就开始跟着项目走下去。当最后实现项目退出的时候，我惊讶地发现，由于误打误撞进入这个行业的第一个项目，竟然收获了超过百倍的回报。

老师转行做股权投资，可能会更好地成为创业者导师或人生向导这样的角色。媒体人则有非常宽的视野和深厚的资源和人际网络，能够帮助创业企业在人脉、资源、视野上提升一个水平。

时至今日，股权投资这个行业已经高度专业且高度细分，对于从业人员的要求越来越高。与十年前相比，如今非专业人士想要进入这个行业已经很难。当然，这是好事，市场在成长，只有对从业者的要求越来越高，才会吸引更多更优质人才进入这个行业，推动行业更快更好的发展，形成良性循环。我们应该有足够的自信，相信中国在未来十年依然是这个星球上成长最快、活力最强、效能最高的经济体，只要这个经济体还在发展壮大，就足以支撑中国股权投资行业成长的速度和效率。

不是我们选择投什么行业，而是那些行业选择了我们

在中国，TMT 和医疗健康是最热的两个行业。只要是稍具规模和体量的投资机构，都会看好这两个行业。我们基金选择投资 TMT

和医疗健康,现在回头去看,其实不是我们选择了这两个行业,而是这两个行业选择了我们。

中国凭借指南针、印刷术、造纸术和火药等四大发明位列四大文明古国,今日中国新的四大发明是高铁、移动支付、网购和共享经济,它们是中国向西方世界输出新模式、新技术和新经济形态的一个起点,也构成了中国新兴产业的基础,而TMT则是中国新四大发明的重要基石。TMT领域的一帮创业者不断经历互联网泡沫,不断寻找新的创业方式、新的经济形式乃至新的互联网形态,最后闯了出来,成长为独角兽。移动支付里的支付宝,共享经济里的滴滴和摩拜,网购里的阿里巴巴和京东,都是这样崛起的。

今天翻看新四大发明产业最核心企业的成长史,大家会发现这些企业一共经历了三类人的确认。第一类是用户,用户要喜欢并且认可企业。第二类是政府,在中国,任何一个新经济形式或者商业模式的出现,必须要得到政府的认可。第三类是投资人,投资人出钱出力,帮助企业得到更多用户及更广大的政府层面的认可,所以投资人在企业成长里所起的作用最为重要,这些企业成长为中国新服务与新经济的基石,这是我们这些做产业资本的人与有荣焉的一件事,也是中国股权投资成长史非常重要的印证之一。

我们选择投资医疗健康行业,理由其实也很简单。我们应该是中国有史以来最有钱的一代人,也将会是中国有史以来寿命最长的一代人,但同时我们又是中国有史以来面临的生态问题最严重的一代人。寿命长了,对生活质量的要求高了,必然要有相匹配的医疗健康体系。中国有着五千年的医疗健康史,中国人讲究医养结合和药食同源,可是中药至今还没有被全世界认可,这里有巨大的市场机会。

当企业家策马扬鞭而去的时候,我们在路边为他鼓掌

我们服务的人群有三类。

第一类是已经在中国最先成长起来的一批产业领袖。他们主要分布在 TMT、消费和医疗健康领域,我们帮助他们延展产业链、打理配置家族财富。

第二类是未来的产业领袖。我们专门成立了产业基金,和地方政府合作,利用我们所掌握的资本资源和能力,在 TMT 及医疗健康等领域扶持地方产业领袖与地方龙头企业,帮助它们完成 IPO 之前的临门一脚。

第三类人是成长型企业家,他们构成了我们的产业资本投资链条上的重要一环。依托中国最大的生长型企业家社群资源,将优秀的中小企业家们纳入我们的产业优化链条中,通过并购和重组等方式,为他们营造一个稳定的成长空间,支持那些走得更远的好项目在中国与海外资本市场有优异表现。

我们更愿意把自己视为在投资领域创业的一拨人,一起去支持企业家成长的一拨人。我们入行比较早,可能积累了一点经验,多了一点阅历,成就了一点事业,所以我们希望能成为企业家的教练,能支持他成长一段时间。在他成长起来,形成自己的格局、形成自己的方法论之后,他就可以用具有个人烙印的商业模式构建属于自己的空间。我们可能就是企业家的一个陪读,或是与他心灵对话的一个伙伴,跟着他一起奔跑,看看他内心对自己的事业有多渴望,对项目的想法是什么样的,这项事业在他自己生命中、在社会中有多重要。当他活出一片天,最后策马扬鞭而去的时候,我们在路边为他鼓掌。这是我们对自己的定位,也是我们想要做这件事情的一个起点。

在我看来，信念与专业度是投资人必备的两大要件。专业度用来帮助投资人做商业决断，信念则可以决定投资人在这个行业能够走多久，走多远。人们常说定而后能静，静而后能安，只有信念笃定，内心平静透彻，才能做出理性的判断和专业的决策。

吴珠智 汉景雨汇投资集团CEO，中关村股权投资协会常务副会长。致力于支持本土创业领袖和产业领导者的成长和创新，已成功支持数十家知名国内企业登陆境内外资本市场。与团队共同打造步长制药、心医国际、金维制药、沪江教育、中译语通、五色科技、网信金融、百度外卖、无锡尚德、喜马拉雅、美柚、尚德教育、楼小二、顺丰、天合光能、蔚来汽车、云丛科技等投资案例。

尾 声

创投的自律

■ 阮聿泓（健一会＜巢山资本＞内容总监）

在经济学里，交易常常会被分为两种：将一次性交易称为"Exchange"，将包含后续服务的交易称为"Trade"。在中国的创投圈，把"投后服务"挂在嘴边的投资机构不少，但真正能为创业者做好后续服务的机构少之又少。

投后服务的前提是维持长期信任关系。排除投资机构自身能力边界等客观因素，创业者与投资机构之间无法建立长期信任关系，与不自律大有关联。

投资机构决策得过于随意，在未能充分了解项目的情况下匆匆扣动扳机。用于项目判断的逻辑的退化为教条，风口、赛道等都成了投资决策关键词，领投方或上轮投资方的明星背景、创始人过往的光鲜履历，都成了决策的重要依据。与项目本身的质量与生死相比，一些投资机构似乎更为在意每年的管理费；投资机构从业人员素质良莠不齐，有些大型产业集团投资部门人员甚至向创业者索要"推介费"，唯有这样方肯将项目推送到决策者面前。

创业者中也存在大量不自律现象。创业的第一要义是创新，而中国的很多创业者以模仿为荣，看市场上什么火就投身其中；一些"连续创业者"，和投资机构打交道多了，熟悉投资机构的喜好与脾性，按照投资机构的投资逻辑去照葫芦画瓢，以期提高被投概率；一些依靠流量存货的互联网企业，利用灰色数据产业链进行数据造假，以骗取投资；一些创始人在获得融资后，第一时间将部分款项用于改善自身的生活条件和消费水准，而不是将其投入到项目急需的一线运营中；一些创业者甚至在融资成功后，将投资金额转入自己的关联企业中，任由主营业务荒废。

部分创业者迷恋权力的力量，依靠所谓的资源与人脉搭建商业模式。作为初创项目，他们不是通过创新来降低风险，却大肆发展寻租的能力，把项目打造成第三方服务嵌入体制，从中分一杯羹。还有些创业者则游走在法律与规则的边缘地带，通过社会规范的漏洞谋取利益。这两类创业项目大多有较好现金流，因而吸引了部分短视的投资机构的青睐。资本的注入，让恶之花越开越旺。

创投两端出现的弊端，与投资者的创投观息息相关。投资者只是看到了创投生态对于整个经济格局的推动作用，却未能在精神层面对创投这一舶来品形成科学理性的认知与判断，从而让投机心态、逐利心态等负面情绪趁虚而入。

自律松弛，导致创投双方的敌意与不信任情绪增强。创业者的胡作非为，加大了创业项目的非正常死亡概率；投资机构管理层的不作为，也让现有LP们心存不满，潜在LP们持币观望。创投圈从几年前就开始喊"资本寒冬"的口号，真正的寒冬其实刚刚降临。那些轻易扣动扳机的投资机构，子弹最终惩罚的对象，是自己。

创投已经成为中国年轻人打破阶层固化、实现梦想的最佳渠道。

创投政策上升为国家意志，为创业者营造了前所未有的创业环境。朋友圈里流传着一个故事：一对好朋友一起从小地方考到大城市，毕业后，其中一位捧起了铁饭碗，另一位加入了刚刚诞生的小米公司。十年后，公务员生活依旧平静如水，而小米公司的那位元老随着公司上市，其财富足够供其在房价飞涨的大城市里购置十套房产。随着颠覆性新技术的日益成熟，新一代年轻人开始感受到知识迭代与技能迭代所产生的生存压力，越来越多体制内人士走出舒适区，投身创业大潮，这是时代和创新赐予年轻人的福利。

中国的创投行业正在"从野蛮生长的 1.0 时代向制度化、规范化的 2.0 时代"（贾红波语）演进。在行业交错的历史时刻，衷心希望《中国创投地图 2》这本小书可以通过理性的观察与独立的见解，帮助创业者们少走一些弯路，让投资者们多一些家国情怀，让整个中国创投事业少一些戾气，多一些值得称颂的经典项目。

特别声明

本书中的部分图片源于网络，我们非常感谢这些图片的原作者，尊重他们的著作权，我们已经尽力去联系图片作者，如有需要请图片作者与本书作者联系。

赞 誉

(排名不分先后)

《中国创投地图2》一书涵盖了新零售、人工智能、区块链等诸多赛道，其中既有对微观商业模式的介绍，又有对宏观趋势的洞察，为中国一线投资者的深入思考提供了丰富素材。

刘峻　天使投资人

技术的发展日新月异，经济环境又总是风起云涌、变幻莫测。在这样一个机遇与挑战成为主旋律的时代里，我相信无论是创业者还是投资者，都需要一本"地图"——一个汇集着各路创投英豪智慧的指南针。灵辉做了一件好事，健一会加油！

杨青　盛景网联联合创始人

本书深入浅出地描绘了一幅创投行业的"航海图"，读者通读此书即可快速有效地获取对时下热点领域进行分析的基本框架和各位创投人的真知灼见，"见天地"方能"见众生"。

赵阳　险峰长青创业投资合伙人